A Revelação e a Ciência

MUNZER ARMED ISBELLE

A Revelação e a Ciência

Copyright © 2010 Munzer Armed Isbelle

Todos os direitos desta edição reservados à Qualitymark Editora Ltda.
É proibida a duplicação ou reprodução deste volume, ou parte do mesmo,
sob qualquer meio, sem autorização expressa da Editora.

Direção Editorial	Produção Editorial
SAIDUL RAHMAN MAHOMED editor@qualitymark.com.br	EQUIPE QUALITYMARK

Capa	Editoração Eletrônica
Anderson Nogueira	EDEL

CIP-Brasil. Catalogação-na-fonte
Sindicato Nacional dos Editores de Livros, RJ

174r

Isbelle, Munzer Armed
A revelação e a ciência / Munzer Armed Isbelle – Rio de Janeiro: Qualitymark, 2010.
120p. – (Temas de psicologia sob a ótica islâmica; n. 1)

Inclui bibliografia
ISBN 978-85-88979-06-3

1. Revelação – Islamismo. 2. Alcorão e ciência. 3. Teoria do conhecimento (Islamismo). I. Título. II. Série.

08-4256

CDD: 297.2115
CDU: 28

Azaan
Palavra em Árabe que significa
Chamamento para a Oração

2010
IMPRESSO NO BRASIL

Qualitymark Editora Ltda.
Rua Teixeira Júnior, 441
São Cristóvão
20921-405 – Rio de Janeiro – RJ
Tels.: (21) 3295-9800 ou 3094-8400

Fax: (21) 3295-9824
www.qualitymark.com.br
E-mail: quality@qualitymark.com.br
QualityPhone: 0800-0263311

Em nome de Allah, o Clemente, o Misericordioso.

Louvado seja Allah, Senhor dos mundos.

Que as bênçãos e a paz de Allah estejam sobre o último dos profetas e mensageiros.

E diga: Ó Senhor meu, aumente-me em conhecimento.

"Diga: Acaso se equiparam os que sabem e os que não sabem? (Em verdade) só se recordam os sensatos"
(39:9)
"Vamos mostrar-lhes Nossos sinais nos horizontes e em si mesmos, para que fique claro que ele (o *Alcorão*) é a verdade."
(41:53)

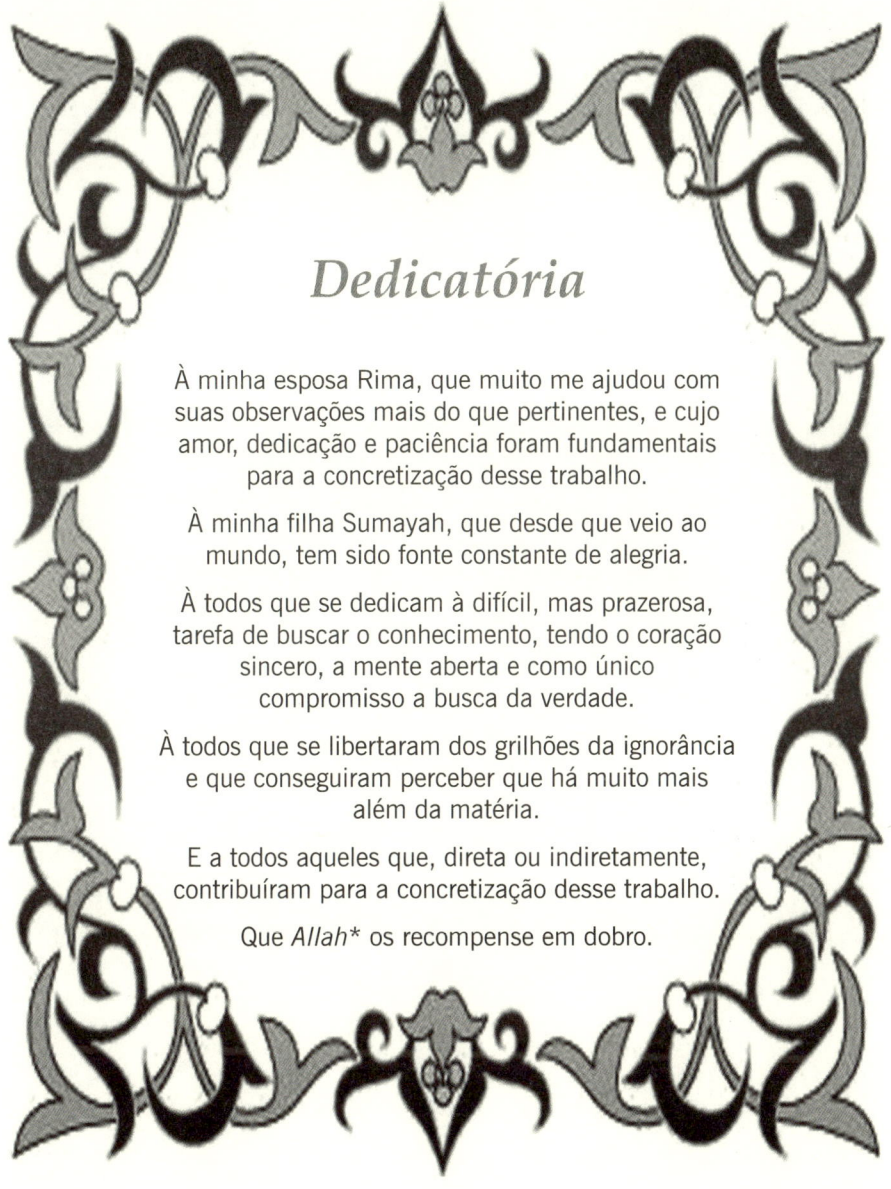

Dedicatória

À minha esposa Rima, que muito me ajudou com suas observações mais do que pertinentes, e cujo amor, dedicação e paciência foram fundamentais para a concretização desse trabalho.

À minha filha Sumayah, que desde que veio ao mundo, tem sido fonte constante de alegria.

À todos que se dedicam à difícil, mas prazerosa, tarefa de buscar o conhecimento, tendo o coração sincero, a mente aberta e como único compromisso a busca da verdade.

À todos que se libertaram dos grilhões da ignorância e que conseguiram perceber que há muito mais além da matéria.

E a todos aqueles que, direta ou indiretamente, contribuíram para a concretização desse trabalho.

Que *Allah** os recompense em dobro.

---

* A palavra *Allah* significa Deus no idioma árabe, da mesma forma que *God* significa Deus em inglês, sendo assim, ela é utilizada tanto por muçulmanos, como por cristãos e judeus. A palavra *Allah* não possui variação de gênero, de número e nem de grau, ao contrário do que acontece com a designação de Deus em outros idiomas, por isso os muçulmanos optam sempre por utilizar o nome em árabe.

Apresentação (Primeira)

Louvado seja *Allah*, que ensinou ao homem o que este não sabia e que as bênçãos e a paz de *Allah* estejam sobre o último dos profetas e mensageiros Muhammad, sobre sua família e sobre todos os seus companheiros.

É com grande alegria, que escrevo a apresentação desse livro intitulado *"A Revelação e a Ciência"*. Após ler os seus tópicos senti que as instituições culturais, religiosas, educacionais e jornalísticas no Brasil, a muito necessitavam de um trabalho como esse.

Nele o autor expõe a importância do conhecimento e mostra como os sábios muçulmanos se relacionavam com os fatos científicos, tanto no campo experimental, como no teórico, o que resulta, na convicção da existência de um Criador para esse universo.

Esse livro não tem por objetivo, apresentar ou enumerar os fatos científicos que estão contidos no *Alcorão* e na Sunna, pois vários foram os livros e compêndios escritos nos mais diversos idiomas e no decorrer dos séculos passados, acerca desse tema. Aliás recentemente, criou-se um Centro Científico Internacional chamado de *Centro de Estudo dos Milagres Científicos no Alcorão Sagrado* ligado a *Liga do Mundo Islâmico* na cidade de Makka Al Mukaramah, que publica os seus estudos e periódicos apontando os fatos científicos que foram mencionados no *Alcorão Sagrado*.

Esse livro mostra de forma simples, que o conhecimento acerca do universo, junto com o conhecimento experimental, orienta o homem racional, a necessidade da crença na existência de um Criador para todo esse universo, e que esse Criador é maior que toda criação e que esse não é outro além de *Allah*, o Altíssimo, que enviou no decorrer da história Seus mensageiros (Que a paz de *Allah* esteja sobre todos eles) para conclamar as pessoas à crença na existência de *Allah*, o Altíssimo, o Criador dos céus e da terra; sendo o último desses mensageiros Muhammad (Que as bênçãos e a paz de *Allah* estejam sobre ele). Sendo essa crença resultante da regra que é aceita na filosofia da lógica, que afirma: "por de trás de toda ação há um agente".

E alicerçada nas bases dessa realidade, surgiu a civilização islâmica, com a sua elevada moral, respeitando os homens, independente de suas crenças, e garantindo a eles todos os seus direitos, e isso testemunhado inclusive pelos não muçulmanos que escreveram acerca dessa civilização, e alguns destes testemunhos, foram citados pelo autor.

Esse livro cita também exemplos de sábios muçulmanos que influenciaram a trajetória dessa civilização através de suas pesquisas e de seus livros e questiona o porquê do atraso vivido pelos muçulmanos no campo das ciências em nossos dias, e ele responde a esse questionamento traçando um pequeno resumo dos acontecimentos que levaram a atual situação vivida pela nação islâmica.

E a pergunta que sempre se faz presente é: como a nação árabe, que era praticamente analfabeta, e cujo mensageiro que conclamou para o Islam não sabia ler nem escrever, foi transformada em uma civilização alicerçada no monoteísmo, que se expandiu pelo oriente e pelo ocidente num curto período de tempo? E a resposta a essa pergunta, é que essa nação atendeu a ordem de *Allah* de se buscar e de se dedicar ao conhecimento, desvendando assim os seus mistérios.

A palavra Ilm (conhecimento) e todas as suas derivações aparecem mais de 660 vezes no *Alcorão Sagrado* e *Allah* eleva a posição dos sábios, diz *Allah*, o Altíssimo **"*Allah* elevará, em escalões, os que crêem dentre vós, e àqueles aos quais é concedida a ciência"** (Surata da Discussão, ayah 11). Assim como, as palavras análise e pensamento e suas respectivas derivações aparecem no *Alcorão Sagrado* mais de 30 vezes, diz *Allah*, o Altíssimo se dirigindo ao seu mensageiro Muhammad (Que as bênçãos e a paz de *Allah* estejam sobre ele) **"E fizemos descer, para ti, a Mensagem, a fim de tornares evidente, para os homens, o que foi descido para eles, e a fim de refletirem."** (Surata da Abelha, ayah 44). E mais evidente que tudo isso, é o fato da primeira palavra revelada do *Alcorão*, através do anjo Gabriel (que a paz esteja sobre ele), ao profeta Muhammad (Que as bênçãos e a paz de *Allah* estejam sobre ele) ter sido o dizer de *Allah*, o Altíssimo "Leia", ao que disse o profeta (Que as bênçãos e a paz de *Allah* estejam sobre ele) "eu não sei ler", então lhe disse o anjo **"Leia em nome de teu Senhor que criou, criou o homem de algo que se agarra, leia pois seu Senhor é Generosíssimo, que ensinou ao homem o que este não sabia"** (Surata do coágulo ayát 1 à 5). A palavra leia é uma ordem, pois a leitura lhe dá conhecimento acerca da grandiosidade e dos segredos desse universo, indicando a necessidade de haver um Criador para ele. Logo o conhecimento convoca para a fé, por isso disse o profeta (Que as bênçãos e a paz de *Allah* estejam sobre ele) "a busca do conhecimento é uma obrigação de todo muçulmano".

Conheço o Autor desse livro, Munzer Armed Isbelle, nascido na cidade do Rio de Janeiro, desde sua tenra infância, sempre se dedicando ao Islam e a busca do conhecimento. Estudou por alguns anos o Islam e a língua árabe na Universidade Islâmica de Madina e é um dos membros ativos dentro da Sociedade Beneficente Muçulmana do Rio de Janeiro, tanto no campo de ensino como no de pesquisa, tendo publicado em língua portuguesa os livros *Descobrindo o Islam* no ano de 2002 e *Sob as Luzes do Alcorão* no ano de 2003. E eis aqui a sua terceira obra *A Revelação e a Ciência*.

Rogo a *Allah*, o Altíssimo que beneficie a todos os leitores com este livro, que multiplique as recompensas de seu autor e que nos oriente a todos para o que Lhe agrada e para Sua satisfação. E que as bênçãos e a paz de *Allah* estejam com o profeta Muhammad, com os seus familiares e com todos os seus companheiros.

Londrina, 16 de junho de 2008

O divulgador Ahmad Saleh Mahairi

Foi Imam no Rio de Janeiro e foi por 25 anos supervisor dos sheikhs do governo Saudita no Brasil.

Apresentação (Segunda)

Em nome de Allah, o Clemente, o Misericordioso

Louvado seja *Allah*, o Dono da piedade e o Dono do perdão. E que as bênçãos e a paz de *Allah* estejam sobre o profeta Muhammad, aquele que foi enviado por seu Senhor com a orientação e a religião da verdade, retirando assim as pessoas das trevas para a luz, sobre sua família e todos os seus companheiros.

Em poucas palavras que não conseguem dar o devido mérito ao autor e não conseguem expressar o real valor desta obra, escrevo essas linhas que expressam a minha satisfação acerca do conteúdo deste livro, que se encontra em minhas mãos, intitulado *"A Revelação e a Ciência"*. Um dos principais méritos deste trabalho é levar o leitor a uma viagem pela revelação divina, recordando o motivo da revelação, a sabedoria da legislação e os objetivos dos mandamentos sobre os quais se constrói a convicção do crente de que ele desfruta da sombra da Recordação do Sapientíssimo, direcionando-se à mesa do Clemente e Misericordioso e deslocando-se pelos vários aspectos da *sunna*.

O autor foi feliz ao abordar os lados iluminados da civilização e da história islâmica na sua mais elevada forma, que expressam a justiça e a tolerância do Islam. Logo, estamos diante de uma obra acerca desta valiosa religião, a qual é indispensável tanto aos nossos filhos, que representam a nova geração, oriunda dos imigrantes muçulmanos que vieram para o Brasil e para a América Latina, como para aqueles que abraçaram o Islam como método de vida. Estes devem reportar-se a este livro a fim de retirar o conhecimento e as lições decorrentes dos seus ensinamentos.

É louvável o empenho desse jovem autor, que cresceu na adoração a *Allah*, o Altíssimo, e eis o resultado de quem se aproxima d'Ele com sinceridade. Rogamos a *Allah* que faça com que todas as nossas ações sejam benéficas para o Islam e para os muçulmanos, e que sejam voltadas única e exclusivamente à Sua generosa face e ao sucesso na outra vida.

E finalizo recordando ao leitor a dedicação constante e o empenho contínuo do autor em servir ao Islam, recomendando a leitura dos seus livros *"Descobrindo* o *Islam"* e *"Sob as Luzes do Alcorão"*, que foram produzidos com sabedoria por meio de uma linguagem acessível.

E louvado seja *Allah*, Senhor dos mundos!

São Paulo, 16 de agosto de 2008,
correspondente a 15 de Shaaban de 1429H.

Dr. Sheikh Mohsin Bin Mussa Alhassani.

Ph.D. em Teologia e Estudos Islâmicos.

Supervisor dos sheikhs enviados pela Liga Mundial Islâmica no Brasil.

Prefácio

Em Nome de *Allah*, o Clemente, o Misericordioso

Louvado seja *Allah*, o Único, o Sapientíssimo, que criou o homem desprovido de conhecimento e lhe agraciou com a razão, com a audição e com a visão, para que assim, juntamente com a revelação, pudesse desbravar a trilha do saber e que ensinou ao homem o que este não sabia. E que as Suas bênçãos e a Sua paz estejam com o Seu último mensageiro, Muhammad, que foi enviado como misericórdia, como orientador e como luz para iluminar o caminho da humanidade. Testemunho que ele cumpriu com a sua missão, que passou adiante a sua mensagem e que deu as melhores recomendações para a sua nação, deixando-a no caminho reto – não se desvia dele a não ser o desafortunado. Que a paz esteja com seus familiares, com seus companheiros e com todos aqueles que seguem os seus passos até o Dia do Juízo Final.

Dando início a esta coleção – que visa a plantar uma semente em direção a uma compreensão correta e adequada acerca do homem e, em especial, aos aspectos psicológicos, alicerçada no conhecimento da revelação, dentro do que poderíamos chamar de "islamização da psicologia" –, apresento este trabalho intitulado *A Revelação e a Ciência*, no qual discuto a necessidade da revelação como fonte de conhecimento e apresento os fatores que levaram a separação entre ciência e religião. Espero que este venha a cumprir com o seu papel, e rogo à *Allah* que permita que eu possa dar seqüência a esse trabalho e que faça com que ele se encontre na minha balança no dia em que de nada valerão bens ou filhos, salvo para quem comparecer ante *Allah* com um coração sincero! E louvado seja *Allah*, Senhor dos mundos!

O Autor

Sumário

Apresentação (Primeira) XI
Apresentação (Segunda) XV
Prefácio XVII
Introdução 1
O conceito de saber 3
As fontes do saber 4
Será possível ocorrer o fenômeno da revelação? 5
A revelação na visão dos filósofos gregos 6
A revelação na visão dos filósofos cristãos 7
Antecedentes históricos que influenciaram o pensamento
    contemporâneo acerca da revelação 25
A revelação na visão dos filósofos ocidentais contemporâneos 28
A revelação segundo a concepção islâmica 30
O *Alcorão* 31
A preservação do *Alcorão* 31
Particularidades do *Alcorão* 32
Alcorão – palavra de *Allah* ou de Muhammad
    (Que a paz esteja com ele)? 36
A posição do *Alcorão* em relação ao conhecimento 44
O *Alcorão* define as bases do espírito científico 46
Os tipos de provas classificadas no *Alcorão* 48
A Sunna 49
A obrigatoriedade de se obedecer ao mensageiro de *Allah*
    (Que a paz esteja com ele) 50
A compilação da Sunna 51
O que teria motivado a invenção dos ahadice 54

O empenho dos sábios a fim de reprimir esse movimento 55
Divisões do hadice de acordo com a aceitação ou a rejeição do mesmo 56
A posição da Sunna em relação ao conhecimento 58
A Sunna e o conhecimento experimental 59
A revelação, a razão e os sentidos 61
O nascimento de uma gloriosa civilização 62
As instituições islâmicas criadas para resgatar e produzir conhecimento 65
Os sábios que influenciaram o pensamento ocidental 69
O testemunho dos não muçulmanos 76
As causas da estagnação dos muçulmanos 80
Conclusão 87
Apêndice 89
Bibliografia 91

Introdução

A civilização islâmica, desde o seu início, se diferenciou de todas as outras civilizações pela importância que dava à busca do conhecimento. E todo esse valor dado ao saber, era reflexo da importância que o *Alcorão* e que o mensageiro de *Allah* davam ao mesmo, como veremos mais adiante.

Imbuídos de um espírito sedento por conhecimento, os muçulmanos desbravaram o mundo do saber, deixando ao mundo um legado que sem dúvida alguma, foi o alicerce principal de todo o desenvolvimento científico e tecnológico que presenciamos em nossos dias.

Mas ao observarmos a situação dos países de maioria muçulmana, hoje, nos deparamos com um quadro que reflete exatamente o oposto de todo o desenvolvimento que sempre foi característico dessa nação. E tudo isso, como veremos, é resultado do afastamento que se deu entre os muçulmanos e a prática do Islam.

Esse afastamento gerou uma estagnação intelectual, que resultou num atraso nos campos político, econômico e social. Mas graças a *Allah* presenciamos hoje um despertar islâmico que caminha no sentido de restaurar a glória dessa civilização, que tanto tem a contribuir para o mundo.

Como o conhecimento é a base de tudo, se faz necessário fazer uma revisão tanto das fontes do saber, quanto das teorias existentes, a fim de chegarmos a um conhecimento fidedigno dos fatos. Esse trabalho objetiva fazer uma análise das fontes do saber tanto na visão ocidental como na visão islâmica, a fim de se restaurar o elo perdido entre a ciência e a religião.

"Saiba irmão, que toda vez que você buscar conhecer a verdade através das pessoas, sem se apoiar na sua própria percepção, o seu esforço será em vão, pois os sábios dentre os homens, são como o sol ou como uma lamparina que fornece luz. Então, faça uso do seu bom senso, pois, se fordes cego, de nada lhe servirá o sol e nem a lamparina. Aquele que se sustenta na imitação cega está arruinado."

Al Ghazali

"É necessário, a quem busca a verdade, ouvir todas as opiniões com seus argumentos. E se em seguida se evidenciar a prova, torna-se necessário a ele se curvar e se voltar a ela, senão será um transgressor. E a evidência não pode ser contestada por outra evidência, pois a verdade não pode ser duas coisas contraditórias, racionalmente, isso não é possível. E a verdade é evidenciada nas seitas e religiões através da razão e das provas voltadas aos sentidos e às necessidades."

Ibin Hazm

O conceito de saber

Podemos definir o saber dentro da concepção materialista, como sendo o conjunto de conhecimentos apreendidos pela razão e pela experiência através dos sentidos e que pode ser verificado por todos.

Dentro da visão islâmica, essa definição de saber é incompleta, pois ela exclui tudo o que tem relação com *Allah*, com a Sua revelação e com os Seus mensageiros; o que, segundo os materialistas, está relacionado aos mitos[2] e superstições, por isso ela não pode ser aceita.

A palavra "conhecimento" em árabe (*Ilm*) é utilizada tanto para o conhecimento científico, como para o religioso. Não existe dentro da concepção islâmica uma separação entre conhecimento secular e religioso, e como prova disso, vemos que *Allah* se utilizou da palavra *Ayah*[3] para designar as Suas palavras e, também, para se referir aos fenômenos naturais, pois ambos são provas da existência do Criador. Afinal, a tensão existente entre a religião e a ciência é um fenômeno característico do ocidente moderno, fenômeno este que não encontra voz no pensamento islâmico.

Assim, a definição islâmica de saber é "Todo o conhecimento apreendido através da revelação, da razão e da experiência".

---

[2] Podemos definir o mito como sendo o discurso que tenta explicar a realidade através do sagrado, do sobrenatural, da magia e do mistério. O termo "mito" vem do grego *mythos*, que significa discurso fictício, e é também sinônimo de mentira.
[3] A palavra *ayah* significa sinal, prova.

As fontes do saber

Baseado na definição islâmica do saber, podemos classificar como suas fontes a revelação, a razão e os sentidos[4]. Existe uma concordância entre a conceituação islâmica e a materialista no que tange a dois desses instrumentos, a razão e os sentidos, por isso preocuparemo-nos somente em fazer uma análise do instrumento que é objeto de divergência, no caso, a revelação.

E o que se entende aqui por revelação é o ensinamento revelado por *Allah* aos Seus mensageiros como guia e orientação para a humanidade.

---

[4] Outra fonte de obtenção do saber é a indicação de uma autoridade, de um especialista no assunto, diz *Allah*, o Altíssimo: **"E perguntem aos adeptos da Mensagem, caso ignorais"** (16:43); e **"Interroga, pois, acerca disso, algum especialista"** (25:59) e, diz ainda **"E ninguém te informará tal como o especialista"** (35:14). A maior parte da bagagem de conhecimento que um cientista traz consigo é resultado do estudo e da leitura de textos científicos. Os cientistas não checam todos os detalhes de todas as teorias nas quais se apóiam e nem reproduzem todos os experimentos anteriores nos quais se baseiam. Na verdade, eles absorvem os conhecimentos existentes adotando-os como alicerces sob os quais constroem os seus conhecimentos.
Os cientistas modernos adotam uma postura mais crítica em relação à literatura científica, questionando os seus dados e exigindo que haja uma alusão apropriada e correta em relação à fonte utilizada, diferentemente do tratamento dispensado pelos sábios medievais aos textos sagrados e científicos.
Aliás, essa postura crítica que caracteriza os cientistas modernos sempre foi uma constante na metodologia islâmica, como veremos mais adiante ao falarmos do *Alcorão*, da Sunna e dos sábios muçulmanos que influenciaram o pensamento ocidental, afinal, o *Alcorão* instiga o muçulmano a adotar uma postura crítica na análise do Livro Sagrado, e conseqüentemente na análise de qualquer outro texto, a fim de se confirmar a veracidade dos fatos nele contido, diz *Allah*, o Altíssimo: **"Acaso não raciocinam no *Alcorão*, se fosse de outro que não *Allah*, encontrariam nele muitas discrepâncias"** (4:82); **"Acaso não raciocinam no *Alcorão*, ou há trancas em seus corações?"** (47:24); **"Este é um Livro bendito, que fizemos descer, para ti, a fim de que eles ponderem suas ayát e a fim de que os dotados de discernimento meditem"** (38:29); **"E a ti revelamos a Mensagem, para que elucides os humanos, a respeito do que foi revelado, para que raciocinem"** (16:44); **"Diga: dê-me suas provas, se sois verazes"** (2:111). Logo, não é um exagero afirmar que foram os muçulmanos que desenvolveram os elementos que serviram como um diferencial entre a antiga e a moderna ciência.

Será possível ocorrer o fenômeno da revelação?

Tanto a razão quanto os sentidos possuem campos específicos de atuação que se encontra dentro do círculo da matéria. Só que ambos se enganam, se contradizem em determinados momentos e possuem um limite que não pode ser transposto.

Através do uso que fazemos dessas duas ferramentas de obtenção de conhecimento, percebemos que existe algo além da matéria e que está fora do nosso alcance. Como podemos então afirmar ser a razão e os sentidos suficientes para a obtenção do conhecimento? Como poderíamos ter acesso a esse tipo de conhecimento e como poderíamos nos certificar de que o conhecimento obtido através da razão e dos sentidos é realmente verídico?

Como poderíamos saber quem nos criou, o motivo pelo qual fomos criados, o que será de nós após a morte, que força é essa chamada espírito que tem a função de tornar o corpo vivo e que num dado momento desaparece – e por que é que desaparece? E como poderíamos unir as pessoas que possuem opiniões variadas, cada uma buscando os seus interesses sob um único ponto de vista, que tem por objetivo criar a harmonia e a paz necessária para uma vida melhor senão através da revelação? E como podemos ser julgados por nosso Criador se não sabemos o que Ele quer de nós?

Mas como o fenômeno da revelação não é passível de repetição – é um fenômeno que aconteceu em determinadas épocas –, os cientistas não reconhecem a ocorrência desse fenômeno, assumindo assim uma posição contraditória, como pode ser comprovada ao observarmos a posição deles em relação, por exemplo, ao "mito do evolucionismo", que não passa de especulações acerca de um fenômeno que, segundo eles, aconteceu em determinado momento da história e que não é passível de repetição em nossa época.

A revelação na visão dos filósofos gregos

A história da filosofia não menciona nada a respeito de uma revelação divina na Grécia antiga, mas menciona o fato deles estarem mergulhados em crenças politeístas e mitológicas. Cita-se que Platão dividiu a origem da religião em três níveis:

1) A crença mitológica criada por artistas e poetas com o intuito de distrair as pessoas;

2) a crença criada pelos governantes com o intuito de dominar o povo criando neles o medo dos deuses;

3) a crença filosófica que expressava a realidade, confirmada pela razão.

Os filósofos gregos não conheciam uma mensagem revelada, por isso não pesquisaram a respeito dela, nem negando e nem confirmando a sua realidade.

A revelação na visão dos filósofos cristãos

Pode-se dizer que dentro da filosofia cristã da Idade Média existem três posicionamentos acerca da revelação. Um grupo encarava a revelação como a única fonte de conhecimento necessária para o ser humano. Não sendo necessário ao homem, então, buscar nenhum tipo de conhecimento na filosofia. Entre os que defendiam essa opinião, podemos citar Tertuliano, Taciano, Lactâncio e Dionísio.

O segundo grupo encarava a revelação como a lei que devia ser seguida, e diziam que a razão devia servir a essa revelação, confirmando-a e facilitando o seu entendimento. E entre os que defendiam essa posição podemos citar Santo Anselmo.

O terceiro grupo encarava a revelação e a razão como fontes do saber e diziam que os conhecimentos obtidos através dessas duas fontes tinham cada um o seu valor. Este grupo se dividia em dois subgrupos: O primeiro dizia que cada uma dessas fontes tinha a sua área específica de atuação. A razão comprova a veracidade da mensagem e da revelação trazida pelo mensageiro, enquanto que a revelação se incumbia de fornecer conhecimento acerca de assuntos metafísicos. Podemos citar Santo Agostinho entre os que defendiam essa posição. O segundo subgrupo acreditava que a razão é mais confiável que a revelação e que o ideal é que houvesse uma concordância entre as duas fontes, mas caso houvesse uma discordância, devia-se priorizar o conhecimento da razão.

Já no século XIV, que é considerado o fim da Idade Média, os acadêmicos e muitos dos teólogos se voltaram para a filosofia e para o conhecimento experimental, pregando a separação entre esses conhecimentos e a crença na revelação, pois o conhecimento verídico só pode ser comprovado pela filosofia segundo alguns, pela experiência segundo outros, e por ambos segundo outros mais.

O que esses filósofos tomavam por revelação era o Evangelho revelado à Jesus[5], ou, para ser mais preciso, a *Bíblia*[6]. No entanto, cabe aqui analisarmos algumas questões: Será que a *Bíblia* revelada por *Allah* era a mesma utilizada por esses filósofos? Será que a *Bíblia* original foi preservada?

É sabido que a *Bíblia* foi escrita por vários autores, no decorrer de vários séculos. Agora, será que esses autores são os mesmos que receberam a revelação? Busquemos a *Bíblia* para responder a essa questão. Para tal, faremos uso de duas *Bíblias* de estudo, uma protestante, que é a *Bíblia de referência Thompson:* com versículos em cadeia temática, da Editora Vida, e outra católica, que é a *Bíblia de Jerusalém*, da Editora Paulus. Os negritos e sublinhados, foram colocados por mim, a fim de chamar a atenção para determinados pontos. Agora vejamos o que elas dizem a respeito da autoria dos livros que formam a *Bíblia*?

---

[5] É parte integrante da fé islâmica a crença em todos os profetas e mensageiros enviados por *Allah*, e entre eles inclui-se Jesus. Aquele que negar qualquer um dos mensageiros e qualquer das mensagens trazidas por eles, deixa de ser um muçulmano. Logo, o muçulmano acredita no Evangelho trazido por Jesus, só que ele acredita que essa mensagem foi sendo deturpada e modificada pela mão do homem com o passar do tempo, não se encontrando hoje na sua forma original, por isso ele não reconhece a *Bíblia* que se encontra hoje em nossas mãos como sendo uma revelação divina e, conseqüentemente, não a reconhece como fonte de saber.

[6] A palavra *Bíblia* é uma transcrição do grego *ta bíblia*, que significa "os livros". Ela é dividida em velho e novo testamento. "A *Bíblia* não é, como por exemplo, o *Alcorão*, um Livro único, e sim uma coletânea de livros escritos por diferentes autores ao longo de vários séculos." (*Grande enciclopédia Larousse Cultural* – Vol. IV. Editora Nova Cultural). "Estudiosos modernos têm concluído que os escritos do Pentateuco foram extraídos de várias fontes diferentes, cada uma de um diferente autor de diferente período. As fontes diferem no vocabulário, no estilo literário e na perspectiva teológica." ("*Bible*", Microsoft (R) Encarta (R) 96 Encyclopedia). Cabe salientar que os primeiros cristãos se utilizavam da *Bíblia* dos Setenta datada de III e I a.C. que era uma tradução grega que continha os livros chamados apócrifos que não são aceitos pela Igreja.

Velho Testamento

Bíblia de referência Thompson: com versículos em cadeia temática, da Editora Vida	Bíblia de Jerusalém, da Editora Paulus
Gênesis – Autor: Moisés <u>Comumente aceito</u>. **Êxodo** – Autor: Moisés <u>Comumente aceito</u>. **Levítico** – Autor: Moisés <u>Comumente aceito</u>. **Números** – Autor: Moisés <u>Comumente aceito</u>. **Deuteronômio** – Autor: Moisés <u>Comumente aceito</u>.	A composição desta vasta coletânea <u>era atribuída a Moisés</u> pelo menos desde o começo de nossa era, e Cristo e os apóstolos conformaram-se com esta opinião. <u>Mas as tradições mais antigas jamais haviam afirmado explicitamente que Moisés tivesse sido o redator de todo o Pentateuco</u>[7]. Quando o próprio Pentateuco diz – o que é muito raro – que "Moisés escreveu", aplica essa forma a alguma passagem particular. <u>Efetivamente, o estudo moderno desses livros apontou diferenças de estilo, repetições e desordens nos relatos, que impedem de ver no Pentateuco uma obra que tenha saído toda ela da mão de um só autor.</u>
Josué – Autor: <u>indeterminado, provavelmente Josué</u>. **Juízes** – Autor: <u>desconhecido, a tradição atribui o livro a Samuel</u>. **Rute** – Autor: <u>desconhecido, possivelmente Samuel</u>. **1Samuel** – Autor: <u>desconhecido</u>. **2Samuel** – Autor: <u>desconhecido</u>. **1Reis** – Autor: <u>desconhecido</u>. **2Reis** – Autor: <u>desconhecido</u>.	Na Bíblia hebraica, os livros de Josué, dos Juízes, de Samuel e dos Reis são chamados "Profetas Anteriores..." <u>Essa designação se explica por uma tradição, segundo a qual esses livros foram compostos por "profetas"</u>.

---

[7] Nome dado aos cinco primeiros livros do Velho Testamento (Gênesis, Êxodo, Levítico, Números e Deuteronômio).

Bíblia de referência Thompson: com versículos em cadeia temática, da Editora Vida	Bíblia de Jerusalém, da Editora Paulus
1Crônicas – Autor: *indeterminado*, <u>crê-se que tenha sido revisado por Esdras</u>. 2Crônicas – Autor: *indeterminado*.	Para escrever esta história, **o autor serviu-se antes de tudo dos livros canônicos, Gênesis e Números para as listas do início e sobretudo dos livros de Samuel e Reis. Utiliza-os livremente, escolhe o que serve a seu intento, acrescenta e omite**. Contudo, jamais cita essas fontes essenciais que podemos verificar. **Por outro lado, refere-se a um certo número de outras obras, "livros" dos reis de Israel e de Judá, um "midraxe" do livro dos Reis, "palavras" ou "visões" deste ou daquele profeta. Tais escritos não são desconhecidos e discute-se sobre seu conteúdo e suas relações mútuas**. Descreviam provavelmente os diversos reinos à luz das intervensões proféticas. É duvidoso que o Cronista tenha utilizado tradições orais. **Já que o Cronista dispôs de fontes por nós ignoradas e que podem ser fidedignas, não há razão para suspeitar, em princípio, de tudo o que ele acrescenta aos livros canônicos que conhecemos**. Cada caso deve ser examinado individualmente e pesquisas recentes absolveram o Cronista, em diversos pontos, do descrédito em que o tinham muitos exegetas. **Mas há casos também em que ele fornece informações incompatíveis com o quadro traçado por Samuel ou Reis, ou modifica conscientemente o que dizem estes últimos livros**. Esse proceder – que seria indesculpável num historiador moderno, cuja missão é narrar, explicando-a, a concatenação dos fatos – justifica-se pela intenção do autor: ele não é historiador, **é um teólogo** que, à luz das experiências antigas e sobretudo da experiência davídica, apresenta as condições do reino ideal; faz confluir numa síntese o passado, o presente e o futuro: projeta na época de Davi toda a organização cultural que tem ante os olhos, omite tudo quanto poderia diminuir seu herói. Além das informações novas que contém e cuja fidelidade se pode averiguar, sua obra tem valor menos para uma reconstituição do passado do que como uma amostra da situação e das preocupações da época.

Bíblia de referência Thompson: com versículos em cadeia temática, da Editora Vida	Bíblia de Jerusalém, da Editora Paulus
Esdras – Autor: <u>*desconhecido*</u>. **Neemias** – Autor: <u>*indeterminado*</u>.	Os dois livros são a única fonte de que dispomos sobre a atividade de Esdras e de Neemias. A data de sua composição é anterior à das Crônicas, mas, sobretudo, utilizam e citam textualmente documentos contemporâneos dos fatos: listas de repatriados ou da população de Jerusalém, atos dos reis da Pérsia, correspondência com a corte e, acima de tudo, o relatório em que Esdras presta contas de sua missão e o documento justificativo de Neemias. <u>Apesar desta abundância de fontes, a exegese de Esdras e de Neemias é repleta de dificuldades, pois os documentos neles se encontram numa ordem desconcertante (...) Mas este documento foi retocado pelo Cronista, que colocou certas partes dele na terceira pessoa e recebeu algumas adições (...) O conjunto do capítulo 11 é uma composição do Cronista (...) Essas formas de composição literária levantam sérios problemas para os historiadores</u>.
Tobias – Não é aceito pelos protestantes, é considerado apócrifo. **Judite** – Não é aceito pelos protestantes, é considerado apócrifo. **Ester** – Autor: <u>*desconhecido*</u>.	<u>O livro de Tobias depende de um original semítico que se perdeu (...). O original hebraico do livro de Judite também se perdeu. É duvidoso que ele seja representado por algum dos textos hebraicos que circularam na Idade Média. Os textos gregos se apresentam sob três formas que divergem notavelmente</u>. Por sua vez, a Vulgata oferece um texto bastante diferente: parece que São Jerônimo limitou-se a revisar, com o auxílio de uma paráfrase aramaica, uma tradução latina anterior. <u>Eles só entraram posteriormente no cânon das Escrituras. Os livros de Tobias e de Judite não foram admitidos pela Bíblia hebraica, nem tampouco os admitem os protestantes. São livros deuterocanônicos, que a Igreja Católica reconheceu, após algumas hesitações, na época patrística</u>. Essas surpreendentes liberdades só se explicam se os autores quiseram fazer algo diferente de uma obra de história. <u>É provável que se tenham baseado em fatos reais, mas é impossível determinar de que fatos se trata, cobertos como estão pelos desenvolvimentos a que serviram de pretexto, desenvolvimentos que são a obra própria dos autores e contêm a mensagem deles</u>.

Bíblia de referência Thompson: com versículos em cadeia temática, da Editora Vida	Bíblia de Jerusalém, da Editora Paulus
1Macabeus – Não é aceito pelos protestantes, é considerado apócrifo. **2Macabeus** – Não é aceito pelos protestantes, é considerado apócrifo.	Os dois livros dos Macabeus não faziam parte do cânon escriturístico dos judeus, mas foram reconhecidos pela Igreja Cristã como inspirados (livros deuterocanônicos). **O relato do primeiro livro dos Macabeus abrange assim 40 anos, desde a ascensão de Antíoco Epífanes ao poder, em 175 a.C., até a morte de Simão e o início do governo de João Hircano em 134 a.C. Foi escrito em hebraico, mas só foi conservado numa tradução grega. Seu autor é um judeu palestinense, que compôs a obra depois do ano 134 a.C, mas antes da tomada de Jerusalém por Pompeu em 63 a.C. As últimas linhas do livro indicam que ele foi escrito não antes do final do reinado de João Hircano, mas, provavelmente, pouco depois de sua morte, por volta de 100 a.C.** É um documento precioso para a história deste tempo, contanto que se leve em conta seu gênero literário, que imita as antigas crônicas de Israel – e as intenções do autor. **O segundo livro dos Macabeus não é a continuação do primeiro (...). O gênero literário é muito diferente. O livro, escrito, originalmente em grego, apresenta-se como o compêndio da obra de certo Jasão de Cirene.** O texto nos foi transmitido por três unciais – o Sinaítico, o Alexandrino e o Vêneto – e por uns 30 minúsculos, mas no Sinaítico (nosso melhor testemunho), **a parte correspondente a 2Mc infelizmente se perdeu**. Os minúsculos que atestam a recensão do sacerdote Luciano (300 d.C.) conservam por vezes um texto mais antigo que os dos outros manuscritos gregos, texto que se reencontra nas Antigüidades Judaicas do historiador Flávio Josefo, que segue geralmente 1Mc e **ignora 2Mc**. A vetus latina, também, é a tradução de um texto que está na Vulgata, que não foi traduzida por São Jerônimo – **para quem os livros dos Macabeus não eram canônicos – e não representa senão uma recensão secundária**. A literatura sapiencial floresceu em todo o antigo oriente (...) Não é de se admirar que as primeiras obras sapienciais de Israel se pareçam muito com as de seus vizinhos: todas elas provêm do mesmo ambiente. **As partes antigas dos Provérbios não apresentam senão preceitos de sabedoria**

Bíblia de referência Thompson: com versículos em cadeia temática, da Editora Vida	*Bíblia de Jerusalém*, da Editora Paulus
	humana (...) Os sábios de Israel não se preocupam com a história ou com o futuro do seu povo; eles pesquisam o destino dos indivíduos, como seus colegas orientais. Mas o consideram sob uma luz mais alta, a da religião javista. Apesar de uma origem comum e de tantas semelhanças (...). **Se a sabedoria oriental é um humanismo, poder-se-ia dizer que a sabedoria israelita é um "humanismo devoto"** (...). A forma mais simples e mais antiga da literatura sapiencial é o mâshâl. É esse, no plural, o título do que chamamos de "provérbios". **O mâshâl é, mais exatamente**, uma fórmula surpreendente, **um ditado popular ou uma máxima**. As coleções antigas dos Provérbios contêm apenas sentenças breves. **Depois o mâshâl se desenvolve, torna-se parábola ou alegoria, discurso ou raciocínio**. Esta evolução perceptível já nas pequenas seções anexas dos provérbios e mais ainda no Prólogo (1-9), acelera-se nos livros seguintes: Jó e Sabedoria são grandes obras literárias. **Por trás de todas essas formas literárias, mesmo as mais simples, a origem da sabedoria deve ser procurada na vida da família ou do clã. As observações sobre a natureza e sobre os homens, acumuladas de geração em geração, se exprimiram em sentenças, em ditados populares, em curtos apólogos, que tinham uma aplicação moral e que serviam de normas de conduta (...) Salomão foi exaltado como o maior sábio de Israel, e as duas coleções mais importantes e mais antigas dos Provérbios (10-22 e 25-29) lhe são atribuídas; isto explica o título dado ao livro inteiro. Também foram colocados sob seu nome o Eclesiastes, a Sabedoria e o Cântico dos Cânticos.**
Jó – Autor: *desconhecido*.	**No diálogo, tem sido contestada a autenticidade de certas passagens. O poema sobre a Sabedoria (28) não pode ser posto nos lábios de Jó: contém uma noção de sabedoria que não é a de Jó nem de seus amigos**; por outro lado, tem afinidades com o discurso de Iahweh (38-39). Mas é uma obra que provém do mesmo ambiente e que foi composta à margem do livro; não se sabe por que foi inserida precisamente neste lugar, onde ela não tem ligação com o contexto. *(...)* **Há, enfim, no terceiro ciclo de discursos (24-27), uma desordem real, que pode explicar-se por acidentes da tradição manuscrita ou por retoques redacionais.**

Bíblia de referência Thompson: com versículos em cadeia temática, da Editora Vida	Bíblia de Jerusalém, da Editora Paulus
	A autenticidade dos discursos de Eliú (32-37) está sujeita a dúvidas mais séria (...) Parece, portanto, que esses capítulos foram acrescentados ao livro, e por outro autor. **O autor de Jó não nos é conhecido senão pela obra-prima que compôs.** Por ela reconhece-se que certamente se trata de um israelita, nutrido das obras dos profetas e dos ensinamentos dos sábios (...) Sobre a data em que viveu não podemos fazer senão conjecturas.
Salmos – Autores: *Não se sabe quais foram os autores de um grande número de Salmos. É provável que, em alguns casos, o nome atribuído a certos Salmos possa referir-se melhor ao compilador do que ao autor.*	Os títulos atribuem 73 salmos a Davi, 12 a Asaf, 11 aos filhos de Coré, e salmos isolados a Emã, Etã (ou Iditum), Moisés e Salomão. Os títulos da **versão grega nem sempre coincidem com o hebraico** e atribuem 82 salmos a Davi. **A versão siríaca é ainda mais diferente**. Esses títulos talvez não pretendessem, originalmente, designar os autores destes salmos. A fórmula hebraica empregada estabelece apenas uma certa relação do salmo com o personagem mencionado, seja por causa da concordância do tema, seja porque **este salmo pertencia a uma coleção atribuída a ele (...) Finalmente a tradição viu em Davi o autor não só de todos os salmos que trazem seu nome, mas do saltério inteiro (...) Temos de reconhecer que deve haver no Saltério peças que têm Davi por autor (...) Sem dúvida, nem todo os salmos da coleção davídica são obra dele**, mas esta coleção não se pôde formar senão a partir de um núcleo autêntico. Já vimos que os títulos dados pelo hebraico não são argumentos decisivos e os escritos do Novo Testamento, quando citam este ou aquele salmo sob o nome de Davi, se conformam à opinião de seu tempo. Contudo, estes testemunhos não devem ser rejeitados inteiramente e sempre se deverá reservar a Davi, "cantor dos cânticos de Israel", um papel essencial nas origens da lírica religiosa do povo eleito.

Bíblia de referência Thompson: com versículos em cadeia temática, da Editora Vida	Bíblia de Jerusalém, da Editora Paulus
Provérbios – Autores: _Acredita-se geralmente que Salomão escreveu um grande número dos provérbios, ainda que talvez estes possam não ter sido originalmente seus._	Abstraindo desse testemunho da tradição, **o tom dos Provérbios é por demais anônimo para que se possa, com segurança, atribuir a esse rei (Salomão) esta ou aquela máxima determinada, mas não há razão para duvidar de que o conjunto remonte à sua época** (…) Ele todo se chama "Provérbios de Salomão". Mas os subtítulos das pequenas seções indicam que o título não deve ser tomado ao pé da letra, **pois abrange também a obra de sábios anônimos e as palavras de Agur e de Lamuel. Mesmo se os nomes desses dois sábios árabes são fictícios e não pertencem a personagens reais, eles atestam o valor que se dava à sabedoria estrangeira.**
Eclesiastes – Autor: _indeterminado, ainda que comumente se aceite que tenha sido Salomão._	A linguagem do livro e sua doutrina, da qual falaremos a seguir, impedem de situá-lo antes do exílio. **Muitas vezes se tem contestado a unidade de autor e distinguido duas, três, quatro e até oito mãos distintas (…) Mas ele foi editado por um discípulo, que acrescentou os últimos versículos.**
Cântico dos Cânticos – Autor: _Salomão, de acordo com a tradição._	Este livro, que não fala de Deus e que emprega a linguagem de um amor apaixonado, tem causado estranheza. **No século I da nossa era, nos meios judaicos surgiram dúvidas sobre sua canonicidade e foram resolvidas apelando-se para a tradição. Foi baseando-se nela que a Igreja Cristã sempre o considerou como Escritura Sagrada** (…) O Cântico não segue nenhum plano definido. É uma coleção de poemas unidos somente pelo seu tema comum, que é o amor.
Sabedoria – Não é aceito pelos protestantes, é considerado apócrifo.	**Supõe-se que o autor seja Salomão**, designado claramente, exceto pelo nome, e **o livro se chama em grego "sabedoria de Salomão"** (…) **Mas trata-se de um evidente artifício literário, que coloca esta obra sapiencial, como o Eclesiastes ou o Cântico, sob o nome do maior sábio de Israel**. O livro, com efeito, foi escrito todo em grego, mesmo a primeira parte, para qual alguns erroneamente supuseram um original hebraico (…) **O autor é certamente um judeu** (…) **um judeu helenizado.**

Bíblia de referência Thompson: com versículos em cadeia temática, da Editora Vida	*Bíblia de Jerusalém*, da Editora Paulus
Eclesiástico – Não é aceito pelos protestantes, é considerado apócrifo.	Este livro faz parte da Bíblia grega, mas não figura no cânon judaico. É, pois, um dos livros deuterocanônicos recebidos pela Igreja Cristã. Entretanto, foi composto em hebraico (...) Apenas o texto grego é reconhecido como canônico pela Igreja (...) e o autor é ainda mencionado em 50:27. Os modernos o chamam Ben Sirac ou o Sirácida. No prólogo o neto do autor explica que **ele traduziu o livro quando veio morar no Egito**, no 38 ano do rei Evergetes. Ele (Ben Sirac) é um escriba que une o amor da Sabedoria ao da Lei (...) Quis dar pessoalmente a instrução da sabedoria a todos os que a buscam (...) Por sua forma, o livro está bem na linha de seus predecessores e de seus modelos.
Isaías – Não cita a autoria do livro.	Gênio religioso tão grande, marcou profundamente sua época e fez escola. **Suas palavras foram conservadas e sofreram acréscimos. O livro que traz o seu nome é o resultado de um longo processo de composição, impossível de reconstituir em todas as suas etapas** (...) **Seus discípulos, imediatos ou longínquos, reuniram outros conjuntos, glosando às vezes as palavras do mestre ou juntando-lhe acréscimos** (...) **O livro recebeu acréscimos mais consideráveis ainda. Os caps. 40-55 não podem ser obra do profeta do século VIII. Não só nunca é mencionado aí o seu nome, mas também o contexto histórico é posterior cerca de dois séculos.**
Jeremias – Não cita a autoria do livro.	Esta influência duradoura supõe que os ensinamentos de Jeremias foram muitas vezes lidos, meditados e comentados. A atividade de toda uma descendência espiritual se manifesta na composição do livro, **que está longe de se apresentar como obra escrita de uma só vez**. Além de oráculos poéticos e relatos biográficos, contém discursos em prosa em estilo semelhante ao do Deuteronômio. **A autenticidade destes tem sido contestada, e eles têm sido atribuídos a redatores "deuteronomistas" posteriores ao Exílio** (...) Talvez essas profecias tenham formado de início uma coleção particular e não provenham todas de Jeremias: pelo menos os oráculos contra Moab e Edom foram profundamente reelaborados (...) Há também abundância de duplicatas, que supõe trabalho redacional. Enfim, as indicações cronológicas, que são numerosas, não se sucedem com ordem. **A desordem atual do livro é o resultado de longo trabalho de composição, do qual é bem difícil reconstruir todas as etapas.**

Bíblia de referência Thompson: com versículos em cadeia temática, da Editora Vida	Bíblia de Jerusalém, da Editora Paulus
Lamentações – Não cita a autoria do livro.	<u>Provavelmente foram compostas na Palestina após a ruína de Jerusalém em 587. São certamente obra de um só autor que descreve em termos pungentes o luto da cidade e de seus habitantes</u>
Baruc – Não é aceito pelos protestantes, é considerado apócrifo.	O livro de Baruc é um dos livros deuterocanônicos ausentes da Bíblia hebraica (...) <u>Teria sido escrito por Baruc.</u>
Ezequiel – Não cita a autoria do livro.	À diferença do livro de Jeremias, o de Ezequiel se apresenta como um todo bem ordenado (...) No entanto, <u>esta lógica da composição dissimula sérias falhas</u> (...) <u>Estas incongruências dificilmente se podem imputar a um autor que escrevesse sua obra de uma só vez. É muito mais verossímel que elas se devam a discípulos que trabalhassem a partir de escritos ou recordações, combinando-os e completando-os. O livro de Ezequiel passou, pois, de certa forma, pela mesma trajetória dos outros livros proféticos.</u>
Daniel – Autor: Daniel.	Dessa divisão, <u>deduziu-se às vezes a existência de dois escritos de épocas diferentes, combinados por um editor</u> (...) <u>O autor utilizou tradições, orais ou escritas, que circulavam em sua época</u> (...) O livro de Daniel já não representa a verdadeira corrente profética. Não contém mais a pregação de um profeta enviado por Deus em missão junto de seus contemporâneos; <u>foi composto e imediatamente escrito por um autor que se oculta por detrás de um pseudônimo, como já sucedera no opúsculo de Jonas.</u>
Oséias – Autor: Oséias.	É forçoso, no entanto, admitir que a coleção dos oráculos de Oséias, reunida em Israel, foi recolhida em Judá e <u>foi objeto de uma ou duas revisões. As marcas deste trabalho editorial se encontram no título e em certas passagens</u> (...) A dificuldade de interpretar a obra torna-se maior, para nós, devido ao estado deplorável do texto hebraico, que é um dos mais corrompidos do Antigo Testamento.
Joel – Autor: Joel, um profeta de Judá. Muito pouco se sabe acerca dele.	

Bíblia de referência Thompson: com versículos em cadeia temática, da Editora Vida	Bíblia de Jerusalém, da Editora Paulus
Amós – Autor: Amós.	O livro chegou até nós com certa desordem; em particular, o relato em prosa, que separa duas visões, estaria mais bem colocado no fim dos oráculos. *Pode-se hesitar sobre a atribuição ao próprio Amós de algumas passagens curtas. As doxologias talvez tenham sido acrescentadas para a leitura litúrgica. Os curtos oráculos contra Tiro, Edom e Judá parecem datar do Exílio. Mais discutidos são 9, 8b-10 e, sobretudo, 9, 11-15. Não há razão séria para suspeitar da primeira dessas passagens, mas é provável que a segunda tenha sido acrescentada.*
Abdias – Autor: *Nada se sabe acerca dele.*	
Jonas – Não cita a autoria do livro.	
Miquéias – Autor: Miquéias.	As promessas a Sião contrastam violentamente com as ameaças que as emolduram e **esta composição equilibrada é um arranjo dos editores do livro. É difícil determinar a extensão das modificações que ele sofreu no meio espiritual em que se conservava a lembrança do profeta. Os autores concordam em reconhecer (...) Mas não se deve argumentar com estas possíveis adições para se cancelar da mensagem autêntica de Miquéias todas as promessas para o futuro**. A coleção de oráculos dos caps. 4-5 foi constituída durante ou após o Exílio, **mas contém trechos autênticos e, em particular, não há razão decisiva para se eliminar Miquéias o anúncio messiânico**.
Naum – Autor: *Muito pouco se conhece acerca dele.*	
Habacuc – Autor: Alguns têm deduzido da sua oração-salmo, e da instrução ao "diretor de música", que o profeta era um cantor no templo. Esta dedução, contudo, não passa de conjectura.	**Tem sido contestada a autenticidade deste último capítulo, mas sem ele a composição ficaria defeituosa.**

Bíblia de referência Thompson: com versículos em cadeia temática, da Editora Vida	*Bíblia de Jerusalém,* da Editora Paulus
Sofonias – Autor: Foi evidentemente um descendente direto do rei Ezequiel (...) Crê-se que pronunciou sua profecia por volta do início do reinado de Josias.	Sem razão suficiente, alguns quiseram eliminar certos oráculos contra as nações e todas as promessas da última sessão; <u>como todas as coletâneas poéticas, a de Sofonias passou por retoques e acréscimos, mas são pouco numerosos: em particular, os anúncios da conversão dos pagãos, estranhos ao contexto, inspiram-se no Segundo Isaías; a autenticidade dos pequenos salmos é muito discutida e os exegetas concordam em atribuir ao tempo do Exílio os últimos versículos.</u>
Ageu – Autor: O "profeta do templo" possivelmente tenha nascido durante os 70 anos do cativeiro em Babilônia, e tenha regressado a Jerusalém com Zorobabel.	
Zacarias – Autor: Pouco se sabe acerca deste profeta.	
Malaquias – Nada se sabe acerca da vida do profeta, exceto o que se encontra neste livro.	

Novo Testamento

Bíblia de referência Thompson: **com versículos em cadeia temática, da Editora Vida**

1 – **Carta aos Hebreus** – Autor: *indeterminado*.
2 – **Carta de São Tiago** – Autor: *indeterminado*.
3 – **Carta de São Judas** – Autor : *provavelmente Judas, irmão de Tiago*.

"<u>O texto dos Atos, bem como o do resto do NT, chegou até nós com muitas variantes de detalhes</u>. Porém, mais que em outros lugares, merecem reter a atenção as que provêm do texto chamado 'ocidental' (código de Beza, antigas versões latina e siríaca, antigos escritores eclesiásticos). **Além de muitas corrupções**, que se explicam neste texto popular menos trabalhado que a recensão alexandrina, <u>as variantes oferecem freqüentemente adições concretas e pitorescas, que têm probabilidade de serem originais</u>. As mais importantes foram indicadas em nota, ou mesmo adotadas no texto traduzido." (*Bíblia de Jerusalém*. São Paulo: Editora Paulus, 1996).

"Os Atos dos Apóstolos pertencem ao mesmo autor do quarto evangelho, o de Lucas, e constituem uma história da época apostólica – correspondente à primeira geração cristã –, redigida possivelmente em torno do ano 90. Além da tradição oral, a obra utilizou algumas fontes contemporâneas dos acontecimentos narrados. Sua leitura, entretanto, demanda o exercício da crítica, pois o autor, que não foi testemunha ocular, por vezes oferece uma imagem idealizada da cristandade primitiva."[8]

"Não há qualquer acordo entre os críticos sobre a autenticidade das 14 cartas atribuídas a Paulo, incorporadas ao Novo Testamento. Certamente não lhe pertence a Epístola aos Hebreus, que se apresenta sem o nome do autor e só com muita hesitação lhe foi associada pela tradição eclesiástica. A maioria absoluta dos exegetas opina no mesmo sentido a respeito das três epístolas ditas pastorais (1 e 2 Timóteo, Tito), que, embora correspondam ao pensamento de São Paulo –

---

8 Marcel Simon e André Benoit em *Judaísmo e Cristianismo Antigo*.

deuteropaulinas –, não são de sua lavra. Há quem rejeite também a Epístola aos Efésios. Menos numerosos são os que contestam a autenticidade de Colossenses e 2 Tessalonicenses."[9]

Agora, no que tange aos quatro evangelhos aceitos pela Igreja:

"**Todavia isso não quer dizer que cada um dos fatos ou ditos a que se referem possa ser tomado como reprodução rigorosamente exata do que sucedeu na realidade**. As leis inevitáveis de todo testemunho humano e de sua transmissão dissuadem de esperar tal exatidão material, e os fatos corroboram essa advertência, **pois vemos que o mesmo relato ou a mesma palavra é transmitida de modo diferente pelos diversos evangelhos**. Isso, que vale para o conteúdo dos diversos episódios, vale com maior razão para a ordem na qual eles se encontram dispostos entre si. Essa ordem varia segundo os evangelhos, e outra coisa não se podia esperar de sua gênese complexa, conforme a qual elementos transmitidos primeiro isoladamente, pouco a pouco se amalgamaram e se agruparam, se uniram ou se separaram, por motivos mais lógicos e sistemáticos que cronológicos. **É forçoso reconhecer que muitos fatos ou sentenças evangélicas perderam sua relação primitiva com o tempo e lugar, e muitas vezes seria erro tomar em sentido rigoroso certas conexões redacionais, como 'então', 'depois', 'naquele dia', 'naquele tempo' etc**". (*Bíblia de Jerusalém*. São Paulo: Editora Paulus, 1996).

"Se o Espírito Santo não concedeu a seus intérpretes atingir a perfeita uniformidade no detalhe, foi porque não atribuiu à precisão material importância especial para a fé." (*Bíblia de Jerusalém*, da Editora Paulus).

"E mesmo quando a diversidade dos testemunhos não procede apenas dos inevitáveis acidentes de sua transmissão, mas provém de correções intencionais, ainda é uma vantagem. **Não há dúvida de que, em muitos casos, os redatores evangélicos quiseram conscientemente apresentar as coisas de modos diferentes**; e, antes deles, a tradição oral da qual são os herdeiros não transmitiu as recordações evangélicas sem as interpretar e adaptar de diversas maneiras às necessidades da fé viva, da qual eram portadores." (*Bíblia de Jerusalém*, da Editora Paulus).

"O estilo de São Marcos é áspero, cheio de aramaísmo e muitas vezes incorreto, mas impulsivo e de uma vivacidade popular cheia de encanto. **O de São Mateus é** também aramaizante, porém, mais trabalhado, menos pitoresco, **mais**

---
[9] Ibid.

correto. O de São Lucas é complexo: de qualidade excelente quando depende só de si próprio, **ele consente em ser menos bom por respeito para com suas fontes, das quais conserva certas imperfeições, embora procure corrigi-las**; enfim, ele gosta de imitar o estilo bíblico dos setenta e o faz de modo admirável." (*Bíblia de Jerusalém*, da Editora Paulus).

"**Apesar dos traços que atestam uma composição mais tardia**, o quarto evangelho tem, pois, semelhança com a pregação ou querigma das origens remotas do cristianismo." (*Bíblia de Jerusalém*, da Editora Paulus).

"Contudo, a obra joanina apresenta traços que lhe são próprios e a distinguem claramente dos evangelhos sinóticos. Seu autor parece ter sofrido influência bastante forte duma corrente de pensamento amplamente difundida em certos círculos do judaísmo, cuja expressão se redescobriu recentemente nos documentos essênios de Qumrã." (*Bíblia de Jerusalém*, da Editora Paulus).

"É bastante difícil descobrir o plano preciso, segundo o qual São João quis expor esse mistério de Cristo. Notemos primeiramente que a ordem na qual se apresenta o evangelho cria certo número de problemas: Sucessão difícil dos caps. 4;5;6;7;1-24; anomalia na colocação dos caps. 15-17 após o adeus de 14, 31; situação fora do contexto de fragmentos, como 3, 31-36 e 12, 44-50. **É possível que essas anomalias provenham do modo como o evangelho foi composto e editado: com efeito, ele seria o resultado de uma lenta elaboração, incluindo elementos de diferentes épocas, bem como retoques, adições, diversas redações de um mesmo ensinamento, tendo sido publicado tudo isso definitivamente, não pelo próprio João, mas, após sua morte, por seus discípulos (21, 24); dessa forma, estes teriam inserido no conjunto primitivo do evangelho fragmentos joaninos que não queriam que se perdessem, e cujo lugar não estava rigorosamente determinado**." (*Bíblia de Jerusalém*. São Paulo: Editora Paulus, 1996).

Evangelho de Mateus – Um dos apóstolos, faleceu no ano 79. É consenso entre os cristãos que ele escreveu o seu evangelho em aramaico e esta cópia está desaparecida, depois surgiu uma tradução desse evangelho em latim, só que não se conhece o tradutor e nem a data do livro original.

Evangelho de Lucas – Aluno de Paulo, foi influenciado por sua crença e mencionou no início do seu evangelho que estava escrevendo o que aprendera com seus professores: "Muitas pessoas já tentaram escrever a história dos acontecimentos que se passaram entre nós. Elas começaram pelo que nos foi transmitido por aqueles que desde o princípio foram testemunhas oculares e ministros da palavra. Assim sendo, após fazer um estudo cuidadoso de tudo que aconteceu desde o princípio, também eu decidi escrever para você uma narração bem ordenada excelentíssimo Teófilo" (Lucas 1:1–4).

Evangelho de João – O autor desse evangelho não é o apóstolo João, mas sim um outro que tentou se passar por ele. E como poderia João ter escrito esse evangelho se a *Bíblia* nos informa que ele era uma pessoa sem instrução? "Resta examinar uma última questão: quem é o autor desse evangelho tão rico e tão complexo? A tradição, **quase unanimemente**, responde: João, o apóstolo, filho de Zebedeu." (*Bíblia de Jerusalém*. São Paulo: Editora Paulus, 1996)

Podemos concluir o seguinte: 1) Não há nenhuma comprovação de que esses evangelhos pertençam aos referidos autores; 2) Em nenhum momento os autores alegaram serem os escritos frutos de inspiração divina[10]; 3) Existe grandes contradições entre esses evangelhos.

Vejamos o que diz Bart D. Ehrman que é Ph.D. em Teologia pela Princeton University e é o diretor do Departamento de Estudos Religiosos da University of North Carolina.

"Eu gostaria de encerrar este capítulo simplesmente com uma observação sobre uma ironia particularmente acentuada que, parece, descobrimos. Como vimos no capítulo 1, desde o princípio, o cristianismo é uma religião do livro que enfatizou alguns textos como escritura autorizada. Contudo, como vimos neste capítulo, na verdade, não temos tais textos autorizados. Quer dizer, o cristianismo é uma religião textualmente orientada, cujos textos fundamentais foram mudados e que só sobrevivem em cópias que diferem de uma para outra, em certos momen-

---

[10] Segundo o Dr. Paulo Lopes de Faria, bispo de Itabuna (Bahia) em seu *Catecismo da Bíblia* a *Bíblia* é fruto de inspiração divina: "Como Deus escreveu a *Bíblia*? Deus escreveu a *Bíblia* por meio de homens que Ele escolheu e inspirou para escreverem o que Ele queria que fosse escrito". Em seguida ele explica o que vem a ser inspiração bíblica: "Que é inspiração bíblica? É uma iluminação do entendimento, uma moção da vontade para levar o escritor sagrado a escrever o que Deus queria e somente aquilo". Ora, se a inspiração bíblica foi o instrumento escolhido por Deus para se escrever o que ele queria, e "somente aquilo", como foi afirmado pelo bispo, como se explica a contradição existente em diversas partes da *Bíblia*? E o mais interessante é que em seguida o bispo confirma que a mão do homem se misturou ao texto sagrado ao dizer: "A *Bíblia* tem erro? Deus **é o autor principal**; por isso, a *Bíblia*, apresenta, sem erro, a verdade, que nela está escrita para a nossa salvação". Ora, se, como afirmou o bispo, Allah é o autor principal, isso significa que existiram autores coadjuvantes na elaboração da *Bíblia*, conseqüentemente, a *Bíblia* não pode ser considerada na sua totalidade como sendo a palavra de Allah.

tos, de um modo altamente significativo. A tarefa da crítica textual é tentar recuperar a forma mais antiga desses textos.

Obviamente, trata-se de uma tarefa crucial, dado que não podemos interpretar as palavras do Novo Testamento se não sabemos que palavras eram. Acima de tudo, como espero ter deixado claro, conhecer as palavras é importante não apenas para aqueles que consideram as palavras divinamente inspiradas. É importante para todo aquele que considera o Novo Testamento um livro importante. E seguramente todo aquele que se interessa pela história, sociedade e cultura da civilização ocidental acha isso, porque o Novo Testamento é, quando menos, um grandioso artefato cultural, um livro reverenciado por milhões e que constitui o fundamento da maior religião do mundo hoje."[11]

"Poderíamos ficar por quase todo o sempre falando de passagens específicas nas quais os textos do Novo Testamento vieram a ser alterados, seja acidental ou intencionalmente. Como eu disse, os exemplos se contam não às centenas, mas aos milhares. Os exemplos dados são suficientes para demonstrar o ponto geral, contudo: há muitas diferenças entre nossos manuscritos, diferenças criadas por copistas que reproduziam seus textos sagrados. Nos primeiros séculos cristãos, os copistas eram amadores e, como tais, mais inclinados a alterar os textos que copiavam – ou mais propensos a alterá-los acidentalmente – que os copistas dos períodos posteriores, que, a partir do século IV, começaram a ser profissionais.

É importante ver que tipos de mudança, tanto acidentais como intencionais, os copistas foram capazes de fazer, porque, a partir daí, fica mais fácil delimitar as mudanças e eliminar parte do esforço de adivinhação implicado na tentativa de determinar qual forma do texto representa uma alteração e qual representa a sua forma primitiva."[12]

Depois do exposto acima, compreende-se a divergência existente entre os filósofos cristãos da Idade Média acerca da extensão do domínio da revelação como fonte de saber.

---

[11] Bart D. Ehrman – *O Que Jesus Disse? O Que Jesus Não Disse?*
[12] Ibid.

Antecedentes históricos que influenciaram o pensamento contemporâneo acerca da revelação

Analisemos os principais fatores que deram origem ao pensamento moderno acerca da revelação como fonte de saber.

1 – O humanismo renascentista

No período que vai do século XV ao XVI, a Itália viveu um período de grande desenvolvimento cultural conhecido como Renascimento. Esse movimento se expandiu posteriormente a outras regiões européias.

A transição entre o Feudalismo e o Capitalismo, criou novas condições sócio-econômicas na Europa, que propiciaram o surgimento do movimento renascentista além do desenvolvimento urbano, comercial, burguês, do Mecenato e do movimento humanista[13]. Para Engels, esse movimento significou o rompimento entre o domínio da Igreja sobre o homem.

O Renascimento foi um período marcado pela oposição entre o antropocentrismo[14] e o teocentrismo[15], entre o individualismo e o coletivismo, entre o racionalismo e a tradição. Essa oposição propiciou a redescoberta da Antigüidade greco-romana, que influenciou e muito o Renascimento.

2 – A Reforma

Em 1517, Martinho Lutero, monge agostiniano alemão, pregou nas portas da Igreja de Todos os Santos, em Wittenberg, as suas 95 teses que criticavam os

---

[13] O Humanismo, a princípio, objetivava a reformulação dos currículos universitários, que até então eram essencialmente caracterizados por disciplinas teológicas. Num segundo momento passou a designar um movimento crítico que confrontava as suas condições sociais com a do período feudal, partindo de uma nova visão do homem, um homem individualista, empreendedor, que buscava o progresso.
[14] Concepção de que o homem é o centro do universo.
[15] É a crença de que Allah é o centro do universo. Ele é o Criador e o Mantenedor de tudo e a sua vontade é que prevalece sobre a vida humana.

teólogos católicos da universidade e o papa Leão X. Este episódio marca o início de um movimento denominado Reforma.

Entre os antecedentes que acabaram por desencadear esse movimento, podemos citar a má formação dos membros do clero que geralmente eram pouco instruídos, a luxúria e a libertinagem na qual se encontrava mergulhada a Igreja, a cobrança de dízimos, a venda de indulgências, relíquias e cargos decorrentes da necessidade de se manter exércitos e de sustentar os estados da Igreja, a necessidade de uma teologia que se adequasse às mudanças socioeconômicas, a grande interferência da Igreja nos assuntos internos dos Estados europeus, o interesse que a burguesia e a nobreza nutriam em relação às terras da Igreja, a necessidade de uma nova ética econômica que permitisse a usura, o comércio e o lucro – práticas condenadas pela escolástica cristã – e a busca dos humanistas por uma teologia mais viva e sólida na qual cada indivíduo era seu próprio sacerdote.

A Modernidade teve como um dos mecanismos propulsores a ruptura provocada pela Reforma, a "regra de fé" na qual se prega que a fé é suficiente para a compreensão das mensagens contidas nos textos sagrados, sem a necessidade de ajuda da Igreja, dos teólogos, dos concílios – que estavam todos sob suspeitas –, significava a liberdade do indivíduo que se via preso pelas instituições tradicionais.

3 – Revolução Científica

A ascensão da burguesia e a possibilidade de grandes lucros decorrentes do domínio da natureza, fez com que os burgueses se tornassem os grandes patrocinadores desse movimento.

A Revolução Científica foi uma continuidade do pensamento surgido no Renascimento que pregava a valorização do conhecimento prático, da natureza e da experimentação, a separação entre a fé e a razão, a Igreja e a ciência.

Várias foram as descobertas feitas nesse período, entre elas podemos citar o heliocentrismo[16] de Nicolau Copérnico, a lei da queda dos corpos e os satélites de Júpiter, entre outras descobertas no campo da astronomia feitas por Galileu Galilei, o movimento dos planetas em órbita elíptica em torno do sol feita por Kepler e a lei da gravitação universal feita por Isaac Newton, entre outras tantas.

---

[16] Teoria científica que prega ser o Sol o centro do sistema solar.

4 – A Santa Inquisição

O Tribunal do santo ofício da inquisição criado no século XIII com o intuito de impedir a divisão da Igreja, que se via ameaçada por uma série de heresias. Esse tribunal era formado por um padre e dois leigos de prestígio e gozava de plenos poderes, o que lhes permitia perseguir e condenar todos os que se mostrassem contrários às doutrinas oficiais.

Era concedido ao acusado o direito de defesa, desde que este não alegasse a inocência, pois quando isso acontecia, era-lhe aconselhado que se confessasse e, caso se negasse, era torturado até que, não suportando mais, confessava o crime, mesmo sendo inocente.

Após a condenação esses tinham seus bens confiscados, suas propriedades destruídas e era condenado à prisão perpétua ou à morte na fogueira. Oficialmente a Santa Inquisição existiu até 1821, quando foi extinta em Portugal. O Tribunal do Santo Ofício foi reorganizado em 1908, passando a se chamar Congregação do Santo Ofício e mais tarde em 1965 após a reforma de Paulo VI, passou a se chamar, Congregação para Doutrina da Fé.

Vários foram os cientistas que se viram vítimas da Inquisição, por terem feitos descobertas que contradiziam os ensinamentos da Igreja, entre eles Giordano Bruno e Galileu Galilei.

5 – O Darwinismo

O darwinismo, teoria criada pelo naturalista Charles Darwin e publicada no ano de 1859 no livro *A Origem das Espécies*, serviu como respaldo para que os materialistas pudessem desferir o golpe fatal, afastando a Igreja da ciência e com ela todas as outras religiões, dentro de um suposto "cientificismo".[17]

---

[17] Para mais informações acerca da grande fraude que é o Darwinismo visite o site http://www.harunyahya.com.

A revelação na visão dos filósofos ocidentais contemporâneos

Várias foram as transformações ocorridas no pós Idade Média que acabaram por acarretar modificações no que tange ao conhecimento. Entre essas modificações podemos mencionar o fato da Igreja ter dominado todos os aspectos da vida e, em especial, no que se referia ao conhecimento, no entanto, após esse momento, a filosofia se libertou. Nesse clima surgiram três posições básicas acerca da revelação. O primeiro grupo encarava a religião como revelação divina e que, por isso, continha conhecimentos verídicos acerca de assuntos cujo entendimento estava acima da capacidade da razão, tendo que ser levada em conta, sem se fazer pouco caso dela. Entre os defensores dessa posição está René Descartes, que com o seu cartesianismo pregou a separação entre filosofia e teologia escolástica[18], que é a teologia tradicional da Igreja, o que acabou acarretando a separação total entre a filosofia e a religião.

O segundo grupo encarava a revelação como fonte de saber, sem que, no entanto, isso significasse a submissão a trechos que existem nos livros adotados pela Igreja e que não estão de acordo com uma revelação. Entre os que defendiam essa posição estão Spinoza, Leibniz e Emmanuel Kant. Daí surgiu a idéia da religião natural, que pregava que a revelação trazia conhecimentos que a razão não poderia alcançar sozinha, mas poderia sim entendê-los.

O terceiro grupo pregava que a religião era uma criação do próprio homem. Entre os defensores dessa idéia se encontram Hegel, Auguste Comte, Fairbair, os marxistas e os existencialistas[19].

Como vimos, havia uma grande incerteza acerca da procedência da *Bíblia*, o que tornou necessário um exame mais crítico dessas escrituras. Como a mão do homem já havia se misturado aos ensinamentos originais de Jesus, várias foram as contradições, e vários dados que foram contra a razão e, conseqüentemente,

---

[18] Movimento de tradição aristotélico-tomista que, rejeitando a predestinação, pregava que a salvação dependia do homem dotado de livre-arbítrio, e da Igreja, a única que podia ministrar os sacramentos. Nega a validade da verificação de hipóteses como argumento conclusivo para sua aceitação.

[19] Adeptos do existencialismo, uma corrente filosófica e literária que prega que o homem é um ser único, que é dono das suas ações e do seu próprio destino.

bateram de frente com as descobertas feitas pelos cientistas. Esta contradição fez com que o Ocidente tomasse a ciência e a revelação como conhecimentos antagônicos e contraditórios, impossíveis de serem unidos, logo, só poderia se tomar uma das duas fontes como legítima; como a ciência, após a revolução científica, se desenvolveu e fez várias descobertas, inclusive corrigindo os erros bíblicos, acabou-se por optar pela ciência. Isso fez com que se criasse no Ocidente uma inclinação ao conhecimento físico-experimental. Essa tendência se tornou exagerada a ponto de se questionar até a existência de Jesus, como fez Bertrand Russel.

Não se pode questionar o posicionamento tomado pelos cientistas e filósofos acerca da *Bíblia*, pois como vimos, eles estavam diante de um livro de origem duvidosa e que se contradizia com as descobertas científicas. O que se questiona é o fato deles estenderem esse posicionamento a todos os outros Livros. Eles generalizaram uma experiência que era particular, sem ao menos se preocupar em analisar as outras religiões, o que é uma atitude nada científica, e foi aí que eles se perderam.

A revelação segundo a concepção islâmica

O que se entende aqui por revelação é o *Alcorão*[20] e a Sunna[21].

---

[20] Para informações acerca do *Alcorão* e do Tafssir (exegese alcorânica) veja o livro *Sob as luzes do Alcorão* de minha autoria.

[21] A Sunna é o conjunto de dizeres, atos, concordâncias e descrições físicas e morais do mensageiro de Allah (Que a paz esteja com ele).

O Alcorão

O *Alcorão* pode ser definido como sendo "a palavra de *Allah* revelada ao seu mensageiro Muhammad (Que a paz esteja sobre ele), um milagre no seu texto e significado e que foi passado para nós através de gerações". Essa revelação se deu através de 23 anos no decorrer dos quais as *Ayát*[22] eram reveladas de acordo com as situações e as necessidades.

A preservação do *Alcorão*

A preservação do *Alcorão* se deu de duas formas, através da memorização e da escrita. Toda a vez que o profeta (Que a paz esteja com ele) recebia uma revelação, ele convocava os seus escribas[23] para que esses a registrassem, mostrando-lhes onde cada *Ayah* deveria ser colocada. Ele também ensinava aos seus companheiros que iam memorizando cada *Ayah* revelada, hábito esse que se mantém vivo até hoje.

Após a morte do profeta (Que a paz esteja com ele), o primeiro califa Abu Baker[24] ordenou que os escribas juntassem todos os registros que se encontravam separados nas folhas de tamareiras e nas omoplatas dos animais num único volume, que ficou aos seus cuidados. Na época do terceiro califa Othman[25], com a entrada de vários estrangeiros no Islam, decorrente da expansão do mesmo,

---

[22] *Ayát* é o plural de *Ayah* que significa sinal, prova e foi dessa forma que *Allah* designou as suas frases, pois cada uma delas é uma prova da autenticidade do *Alcorão* e é um sinal que nos indica a Sua existência.

[23] Entre os principais escribas podemos citar: Abu Baker, Omar bin Al Khattab, Othman bin Afán, Ali bin Abi Talib, Ubai bin Kaab, Zaid bin Thabit, Muauia bin Abi Sufian, Abdillah bin Abi Sarah, Abdillah bin Al Arkam e Hanzala bin Rabii.

[24] Ele é Abdullah bin Kahafa Othman bin Ámer, nasceu em Makka no ano 51, antes da Hégira. Foi o primeiro homem a entrar no Islam e muitas pessoas se tornaram muçulmanas graças ao seu esforço. Ele acompanhou o profeta na migração de Makka para Madina. Foi o primeiro dos califas probos, tendo sido eleito com o apoio de todos os companheiros do profeta, governou durante dois anos e alguns meses. Faleceu no ano 13H, aos 63 anos.

[25] Ele é o príncipe dos crentes Othman bin Afán. Nasceu no ano 47 antes da Hégira. Casou-se com Rukaia (filha do profeta), e quando essa faleceu, se casou com a sua irmã Um Kulthum; sendo então apelidado de "Zu Nurein" (o que possui duas luzes) por ter se casado com duas filhas do profeta (Que a paz esteja com ele). Foi o terceiro dos califas probos, governou durante doze anos menos alguns dias; foi assassinado numa sexta-feira enquanto recitava o *Alcorão* na sua casa, no ano 35H, aos 82 anos.

começou a haver algumas divergências em relação à pronúncia do *Alcorão*. Para acabar com esse problema, Othman convocou os escribas do profeta, para que fizessem sete cópias do *Alcorão*, enviados para as respectivas regiões. Ainda hoje se encontram cópias dessa época em museus, no Uzbequistão, em Top Kapi e no Cairo[26].

A preocupação dos muçulmanos em relação à preservação do *Alcorão* é tanta que só é considerado *Alcorão* o exemplar em língua árabe. Toda e qualquer tradução feita do *Alcorão* é considerada como explicação dos significados do *Alcorão*, visto que na tradução se perde muito do significado original, além de ser uma interpretação pessoal do tradutor. Veja o testemunho dado pelo pesquisador francês Maurice Bucaille a esse respeito: "Uma autenticidade indiscutível dá ao texto alcorânico um lugar à parte entre os Livros de revelação, lugar que ele não divide nem com o Antigo, nem com o Novo Testamento."[27]

Particularidades do *Alcorão*

1 – O seu texto e o seu significado vem de *Allah*. Ao anjo Gabriel só coube a função de levar essa mensagem ao profeta (que a paz esteja com ele), e a este só coube receber, preservar, transmitir e explicar o que era necessário para um correto entendimento. Diz *Allah*, o Altíssimo: **"Certamente (este *Alcorão*) é uma revelação do Senhor dos mundos. Com ele desceu o Espírito Fiel, para o teu coração, para que sejas um dos admoestadores, em elucidativa língua árabe"** (26:192 à 195); **"E a ti revelamos a Mensagem, para que elucides os humanos, a respeito do que foi revelado, para que meditem"** (16:44); **"Nem fala por capricho. Isso não é senão a revelação que lhe foi revelada"** (53:3 e 4); **"E a ti revelamos a Mensagem, para que elucides os humanos, a respeito do que foi revelado, para que raciocinem"** (16:44). Essa é a grande diferença entre o *Alcorão* e os ahadice, (ditos do profeta), nesses o significado vem de *Allah*, mas o texto é do profeta (Que a paz esteja com ele).

2 – O *Alcorão* só é considerado como tal no seu texto original em árabe, por isso qualquer tipo de explicação feita acerca do seu significado em língua árabe, não é considerado como *Alcorão*, mas como Tafssir (exegese). O mesmo acontece com as traduções, por mais precisas e perfeitas que essas possam parecer, elas

---

[26] Veja fotos no apêndice.
[27] *A Bíblia, o Alcorão e a ciência*, editado por C.D.I.A.L.

não escapam de ser a interpretação dada pelo tradutor ao texto, dessa forma o texto acaba perdendo muito do seu significado original. Por isso as traduções não são chamadas de *Alcorão*, mas sim de explicações dos significados do *Alcorão*.

3 – Outra particularidade é a facilidade, e esta deve ser entendida no seu sentido mais amplo. *Allah* facilitou a sua recitação, a sua memorização, o seu entendimento e a prática dos seus ensinamentos. Diz *Allah*, o Altíssimo: **"Em verdade, facilitamos o *Alcorão*, para a admoestação"**. **"Em verdade, facilitamos o *Alcorão* para a recordação"** (54:17 e 22); **"Em verdade, temos-te facilitado (o *Alcorão*) em tua língua para que meditem"** (44:58).

4 – O *Alcorão* é o último Livro revelado por *Allah*, é destinado a toda a humanidade e os seus ensinamentos são válidos em todas as épocas. Ele está livre de toda e qualquer modificação, pois *Allah* se incumbiu de protegê-lo de toda sorte de modificação. Diz *Allah*, o Altíssimo: **"Nós revelamos a Mensagem e somos o Seu Preservador"** (15:9) e **"Este é um Livro veraz por excelência. A falsidade não se aproxima dele (o Livro), nem pela frente, nem por trás; é a revelação do Prudente, Laudabilíssimo"** (41:41 e 42).

5 – Outra particularidade é a abrangência. Os seus ensinamentos abrangem todos os aspectos da vida. Ele trata da crença, das virtudes morais, do comportamento, das leis comerciais, das relações internacionais, da política interna e externa, das relações familiares, das bases da economia e etc. E como mencionamos anteriormente os seus ensinamentos abrangem a toda a humanidade. Diz *Allah*, o Altíssimo: **"O mês de Ramadan foi o mês em que foi revelado o *Alcorão*, orientação para as gentes"** (2:185); **"Certamente, não é mais do que uma mensagem, para os mundos"** (81:27); **"Temos-te revelado, pois, o Livro, que é uma explanação de tudo, é orientação, misericórdia e alvíssaras para os muçulmanos (submissos à vontade de *Allah*)"** (16:89).

6 – O *Alcorão* é o maior milagre do profeta Muhammad (Que a paz esteja com ele), é um milagre em todas as épocas, e como prova disso *Allah* lançou um desafio aos gênios e aos humanos para que tentassem criar algo semelhante ao *Alcorão*. Como Muhammad (Que a paz esteja com ele) veio com uma mensagem que ele alegava ser divina e que punha abaixo o politeísmo no qual o seu povo estava mergulhado, várias foram as tentativas de provar que Muhammad (Que a paz esteja com ele) era uma fraude, um farsante; todas fracassaram e esse desafio continua de pé até os nossos dias. Diz *Allah*, o Altíssimo: **"Dize-lhes: Mesmo que os humanos e os gênios se tivessem reunido para produzir coisa similar a este**

Alcorão, jamais teriam feito algo semelhante, ainda que se ajudassem mutuamente" (17:88) "Ou dizem: Ele o forjou! Dize: Pois bem, apresentai dez suratas forjadas, semelhantes às dele, e pedi (auxílio), para tanto, a quem possais, em vez de *Allah*, se estiverdes certos" (11:13); "E se tendes dúvidas a respeito do que revelamos ao Nosso servo e adorador (Muhammad), componde uma surata semelhante às dele (o *Alcorão*), e apresentai as vossas testemunhas, independente de Allah, se estiverdes certos. Porém, se não o fizerdes – e certamente não podereis fazê-lo, temei, então, o fogo infernal cujo combustível serão as pessoas e os ídolos; fogo que está preparado para os incrédulos" (2:23 e 24).

O *Alcorão* é um milagre na sua eloqüência. Mesmo aqueles que negavam a sua origem divina se admiravam com tamanha beleza literária. Disse a esse respeito um dos coraixitas: "Por *Allah* nenhum de vocês sabe mais a respeito de poesia do que eu e nem sabe mais a respeito da composição da poesia do que eu. Por *Allah* o que ele (o profeta) diz não se assemelha a nada disso. Por *Allah* o que ele diz é de uma imensa beleza e de uma suavidade que prende a atenção, a sua parte mais elevada dá frutos e a sua parte mais baixa é puro refinamento, nada o supera e ele destrói o que está abaixo dele". Cabe salientar que os árabes eram pessoas eloqüentes e eram grandes admiradores da poesia. Outro ponto que chama a atenção é o fato de não haver mudanças de estilo e nem contradições nesse Livro. Nenhuma mente humana poderia escrever um livro durante 23 anos sem que houvessem mudanças no seu estilo, mudanças essas decorrentes do amadurecimento, do aperfeiçoamento e das diversas experiências vividas pelo autor, fato aliás muito comum na vida dos grandes escritores como Carlos Drummond de Andrade, Vinícius de Moraes e Manuel Bandeira por exemplo. E o mais estranho ainda é que um Livro com essas características tenha sido escrito por uma pessoa reconhecidamente iletrada.

E o que dizer das verdades científicas contidas no *Alcorão*[28] e que só foram descobertas recentemente, graças à construção de aparelhos sofisticados, verdades essas que em nenhum momento contradizem as descobertas científicas? Como poderia um homem analfabeto, que viveu 1400 anos atrás e que vivia numa região afastada das influências das grandes civilizações da época, ter acesso a tais conhecimentos? Diz a esse respeito o Dr. Maurice Bucaille: "De mais a

---

[28] A presença de fatos científicos no *Alcorão* foi um fator primordial para que o muçulmano se aventurasse nas pesquisas das mais diversas ciências, uma vez que instigou a curiosidade que é a mola propulsora da ciência, sem falar que a comprovação desses fenômenos descritos seriam provas cabais da veracidade do Islam.

mais, descobrem-se nelas, como foi demonstrado, enunciados de ordem científica, dos quais é inconcebível que um homem, na época de Muhammad (que a paz esteja com ele), tivesse podido ser o autor"[29] e "Não se pode conceber que muitos enunciados alcorânicos, que têm um aspecto científico, foram obra de um homem, em vista do estado dos conhecimentos na época de Muhammad (que a paz esteja com ele). Assim, é perfeitamente legítimo não apenas considerarmos o *Alcorão* como a expressão duma revelação, mas, também, darmos à revelação alcorânica um lugar absolutamente à parte, em razão do aval de autenticidade que ela oferece, e da presença de enunciados científicos que, examinados em nossa época, se apresentam como um desafio à explicação humana"[30].

---

[29] A Bíblia, o Alcorão e a ciência. Editado por C.D.I.A.L.
[30] Ibid.

Alcorão – palavra de Allah *ou de* Muhammad?[31]

Várias pessoas no decorrer da história têm levantado a hipótese de que Muhammad (Que a paz esteja com ele) seja o autor do *Alcorão* e, para sustentar essas hipóteses, levantam uma série de possíveis motivações que teriam levado Muhammad (Que a paz esteja com ele) a escrever esse Livro. Analisemos cada um desses possíveis motivos a fim de esclarecermos essa questão.

1 – Ambição e ganância

Algumas pessoas dizem que Muhammad (Que a paz esteja com ele), movido por suas ambições e por sua ganância, escreveu o *Alcorão* e reivindicou a profecia. Para sabermos se essa afirmação é verdadeira ou não nada mais sensato que buscarmos em sua biografia a resposta.

Antes da profecia, Muhammad (Que a paz esteja com ele) gozava de uma boa situação financeira, tinha uma boa renda trabalhando como comerciante e era casado com Khadija, uma mulher rica que supria todas as suas necessidades. Após a profecia, essa situação mudou da água para vinho, como podemos ver nos relatos que se seguem:

"Aicha nos mostrou uma túnica de um tecido grosseiro, e nos disse: 'O mensageiro de *Allah* apenas portava estas peças quando lhe adveio a morte.'[32]

"Quando o profeta faleceu o seu escudo estava nas mãos de um judeu como garantia de uma dívida."[33]

"O profeta faleceu sem que tenha se saciado sequer de pão de cevada."[34]

"A família de Muhammad não se saciou sequer dois dias seguidos de pão de cevada."[35]

---
[31] Capítulo extraído do livro *Sob as Luzes do Alcorão* de minha autoria.
[32] Relatado por Bukhari e Musslim.
[33] Relatado por Bukhari e Musslim.
[34] Relatado por Bukhari.
[35] Relatado por Bukhari e Musslim.

"Às vezes se passavam dois meses sem que o fogo se acendesse na casa de Muhammad e ele e sua família se alimentavam de tâmara e água."[36]

"O profeta costumava passar noites seguidas com o estômago vazio e a sua família sem ter o que jantar, e quando comiam pão, na maioria das vezes era pão de cevada."[37]

"O colchão do mensageiro de *Allah* era de couro recheado com fibras."[38]

Creio que essas passagens são suficientes para mostrar que esse motivo não procede.

2 – O desejo de poder e glória como motivações

Os trechos citados acima já seriam suficientes para derrubar essa hipótese, mas vejamos mais alguns:

- Quando seu tio Abu Talib, ao ser ameaçado pelos coraixitas, pediu ao profeta (Que a paz esteja com ele) que desistisse da pregação, ele respondeu com a seguinte frase: "Ó tio, por *Allah*, se eles colocarem o sol na minha mão direita e a lua na minha mão esquerda para que eu desista dessa função, eu não desistirei até que *Allah* a faça vitoriosa, ou eu morra nesse caminho."

- Os chefes coraixitas se reuniram e decidiram ir até o profeta (Que a paz esteja com ele) para lhe fazer algumas propostas e encarregaram Utba bin Rabia de levar essa proposta ao mensageiro de *Allah* (Que a paz esteja com ele). Este se encontrava no que viria a se tornar a mesquita de Makka quando Utba lhe disse: "Ó sobrinho, você goza de grande prestígio entre nós. Vens de uma família nobre, mas você criou um sério problema para o seu povo, dividindo-o. Por isso, ouça-me, se você deseja riqueza, nós juntaremos para você tanta riqueza que você se tornará o mais rico dentre nós, se queres honra, faremos de você o nosso líder, e se desejas ser um rei nós faremos de você nosso rei", então o profeta (Que a paz esteja com ele) respondeu recitando as seguintes *Ayát* "**Há, Mim. (Eis aqui) uma re-**

---

[36] Relatado por Bukhari e Musslim.
[37] Relatado pelo Tirmizi.
[38] Relatado por Bukhari e Musslim.

velação do Clemente, Misericordiosíssimo. É um Livro cujas *Ayát* foram detalhadas. É um *Alcorão* árabe destinado a um povo sensato. É alvissareiro e admoestador; porém, a maioria dos humanos o desdenha, sem ao menos escutá-lo. E afirmam: Os nossos corações estão insensíveis a isso a que nos incitas; os nossos ouvidos estão ensurdecidos e, entre tu e nós, há uma barreira. Faze, pois, (por tua religião) que nós faremos (pela nossa)! Dize-lhes: Sou tão-somente um mortal como vós, a quem tem sido revelado que vosso Deus é um *Allah* Único. Consagrai-vos, pois, a Ele, e implorai-Lhe perdão! E ai dos idólatras." (41:1 à 6).

- Se o que motivava Muhammad (Que a paz esteja com ele) era o desejo de poder e glória, seria mais lógico ele reivindicar a liderança e o poder sobre seu povo sem reivindicar a profecia, o que lhe pouparia uma série de sofrimentos e humilhações, como quando jogaram sobre suas costas tripas de camelo enquanto se prostrava em adoração na mesquita; ou quando foi apedrejado por adultos e crianças na cidade de Taiif; ou quando era chamado de louco por seu tio Abu Lahab enquanto pregava, entre outras.

- Disse o profeta (Que a paz esteja com ele) "Não se levantem para mim como se levantam os estrangeiros, glorificando uns aos outros"[39], "Não me glorifiquem como os cristãos glorificaram o filho de Maria, nada mais sou que um servo, por isso digam servo de *Allah* e Seu mensageiro"[40], "O mensageiro de *Allah* costumava ajudar sua família nos afazeres de casa, remendava suas roupas, consertava seu calçado, comia junto com seu empregado"[41]; Daí vemos uma humildade que não condiz com a pompa e o luxo de todos aqueles que buscam glória e poder.

- Se ele queria glória e poder, nada mais lógico que ele dizer ser o autor do *Alcorão*, um Livro que é o máximo em eloqüência, que causava espanto e admiração mesmo em quem negava a sua fonte divina.

Creio eu que esses trechos sejam suficientes para mostrar o quanto é infundado esse argumento.

---

[39] Relatado por Abu Daúd e Ibin Mája.
[40] Relatado por Bukhari.
[41] Relatado por Bukhari.

3 – A união e a libertação dos árabes

Algumas pessoas afirmam que Muhammad (Que a paz esteja com ele) escreveu o *Alcorão* com o intuito de unir e libertar os árabes. Caso essa alegação fosse verdadeira nós deveríamos encontrar no *Alcorão* várias passagens que enfatizassem a questão da unidade e da libertação, o que não acontece.

O conceito islâmico de *Umma* (nação) é um conceito que ultrapassa os limites de nacionalidade, cor, raça ou *status* sociais. É uma ideologia que encara o temor a *Allah* como o principal fator de diferenciação entre as pessoas. Diz *Allah*, o Altíssimo: **"Ó humanos, Nós vos criamos de macho e fêmea e vos dividimos em povos e tribos para que vos reconhecêsseis uns aos outros. Sabei que o mais honrado dentre vós ante *Allah* é o mais temente"** (49:13); e disse o profeta (Que a paz esteja com ele): "Em verdade *Allah* não olha para as suas aparências e nem para os seus corpos, olha sim para os seus corações e para suas ações"[42] e "Não há diferença entre árabe e não árabe, a não ser pelo temor a *Allah*"[43].

Daí podemos perceber que esse argumento não procede, pois o Islam faz questão de enfatizar a existência de somente dois grupos como diferencial: o do Islam e o da Jahilia[44].

4 – A epilepsia

Algumas pessoas dizem que o *Alcorão* é o resultado de palavras emitidas por Muhammad (Que a paz esteja com ele) no decorrer de suas crises epilépticas. Para analisarmos a procedência ou não desse argumento devemos antes saber o que é epilepsia.

Didaticamente, podemos dizer que a epilepsia é o resultado de uma descarga repentina, excessiva e anormal dos potenciais dos neurônios, que pode ocorrer em qualquer grupo de neurônios do sistema nervoso central. Nós podemos dividir os ataques em quatro tipos:

---

[42] Relatado por Musslim, Ahmad e Ibin Mája.
[43] Relatado por Ahmad.
[44] A palavra *jahilia* significa ignorância. "E o que se entende aqui por ignorância é o estado de espírito que não aceita ser encaminhado com as orientações de *Allah* e o movimento organizacional que se nega a aplicar as diretrizes reveladas por *Allah* e não aquela ignorância que se opõe à ciência e à tecnologia." *A Ignorância do Século XX*, Muhammad Kutub.

a) Grande mal – É caracterizado pela perda repentina da consciência, acompanhada de contração muscular tônica generalizada, o que pode levar a apnéia (parada respiratória) que depois de alguns segundos se restabelece de forma irregular, salivação em excesso, espumosa, e, freqüentemente, sanguinolenta, o que denota mordedura de língua.

b) Pequeno mal – Manifesta-se na infância e pode se estender à vida adulta. É caracterizado pela perda súbita e breve de consciência, pode ou não ser acompanhado de contrações musculares breves e discretas dos olhos, cabeças e extremidades do corpo. A crise é de curta duração, podendo durar de cinco a 30 segundos e se repetir várias vezes ao dia.

c) Focais – A crise focal típica é a jacksoniana que é caracterizada por uma crise motora que freqüentemente tem início na mão e se espalha para cima até o mesmo lado da face. O paciente se mantém consciente e dependendo da parte cerebral afetada podem ocorrer vertigens, zumbidos, odor desagradável e fenômenos visuais como escurecimento visual e escotomas[45] cintilantes.

d) Psicomotora – É caracterizada por fenômenos sensitivos, vegetativos, psíquicos, movimentos involuntários de mastigação, vocalização, entre outros.

Agora que já definimos o que é epilepsia vamos ver a procedência desse argumento.

Todos os relatos a respeito da vida de Muhammad (Que a paz esteja com ele) nos mostra um homem que gozava de perfeita saúde física e mental. Nunca se soube nada a respeito de uma crise epiléptica ou algo semelhante. Era um homem que encarava situações de muita pressão sem se deixar abater e praticava exercícios físicos. Narra Aicha: "Eu corri com o profeta (Que a paz esteja com ele) e o venci na corrida. Mais tarde, quando fiquei mais pesada, corremos novamente e ele ganhou. Então ele disse: 'Isto empata aquilo', referindo-se à corrida anterior"[46]. E narra-se que "O profeta (Que a paz esteja com ele) lutou (luta greco-romana) com um homem chamado Rukana que era conhecido por sua força, e o jogou ao chão mais de uma vez"[47].

---

[45] Mancha cinzenta ou escura que ocupa parte do campo visual.
[46] Relatado por Ahmad e Abu Daúd.
[47] Relatado por Abu Daúd.

Não é lógico crer que os companheiros do profeta (Que a paz esteja com ele) presenciassem tais supostas crises epilépticas e não buscassem uma forma de tratá-lo, e que eles aceitassem as palavras ditadas por ele no momento da crise como sendo uma revelação de *Allah*. E como pode uma série de palavras desconexas balbuciadas por uma pessoa em crise vir a se tornar um Livro no qual se encontra a mais pura eloqüência, no qual se encontram fatos que só foram descobertos recentemente pela ciência, relatos de acontecimentos passados e futuros?

Um outro ponto é que se o *Alcorão* nada mais é do que o resultado de uma crise epiléptica, a lógica diria que todo aquele que sofre de crises epilépticas deveria sair dessas crises com algo semelhante ao *Alcorão*. Será que isso acontece? Ou será que a crise de Muhammad (Que a paz esteja com ele) era uma crise especial, digamos assim, uma crise tipo exportação? Afinal, vocês hão de convir que se todas as crises epilépticas dessem esse resultado, seriam a galinha dos ovos de ouro.

5 – Fontes judaico-cristãs

Algumas pessoas dizem que o *Alcorão* foi escrito por Muhammad (Que a paz esteja com ele) e que este se utilizou do conhecimento que possuía do Velho e do Novo Testamento. Para sustentar essa hipótese, elas utilizam como argumento o fato de haver certas semelhanças entre o *Alcorão* e a *Bíblia*.

Em primeiro lugar é providencial lembrar ao leitor que Muhammad (Que a paz esteja com ele) era analfabeto e que ele foi criado numa sociedade pagã, numa região esquecida no meio do deserto, e que por isso não tinham influências das duas maiores civilizações da época, a romana e a persa. A cidade de Yathrib (Madina), na qual viviam algumas tribos judias, era muito afastada de Makka, principalmente se levarmos em consideração os meios de transportes da época. Contudo, algumas pessoas alegam que durante as viagens empreendidas pelo profeta (Que a paz esteja com ele) ele se encontrou com judeus e cristãos que o ensinaram o Judaísmo e o Cristianismo.

O profeta (Que a paz esteja com ele) em sua vida empreendeu somente duas viagens que tiveram como destino a Síria: uma quando tinha 12 anos de idade na companhia de seu tio Abu Talib e a outra aos vinte e cinco anos quando foi dirigindo a caravana de Khadija. É estranho, e confesso, um tanto difícil, imaginar que em alguns encontros ocorridos entre o profeta (Que a paz esteja com ele) e conhecedores das Escrituras Sagradas durante essas viagens, quando recaía sobre ele a responsabilidade de cuidar dos problemas da caravana e em eventuais conversas que possam ter ocorrido, que Muhammad (Que a paz esteja com ele) tenha se apoderado de um conhecimento que necessita de anos para ser dominado, de domínio dos sacerdotes, e que esse conhecimento tenha dado origem ao *Alcorão*.

Outros pontos intrigantes são que as pessoas que levantaram essas suposições não conseguiram, apesar do farto material existente sobre a vida de Muhammad (Que a paz esteja com ele) e das intensas pesquisas empreendidas, identificar quem foram esses supostos professores. Porque essa pessoa que passou esse conhecimento à Muhammad (Que a paz esteja com ele) não reivindicou para si a autoria do *Alcorão*? Porque vários cristãos e judeus entraram no Islam se o *Alcorão* nada mais era do que os ensinamentos dados por seus sacerdotes? Que pessoa teria tão grande conhecimento que seria capaz de passar ensinamentos que só seriam comprovados quase 14 séculos depois? O *Alcorão* foi revelado no decorrer de 23 anos, durante esse período onde estava escondido esse suposto professor que não foi descoberto por nenhum dos *sahaba*[48] que não desgrudavam do profeta (Que a paz esteja com ele)? Se Muhammad (Que a paz esteja com ele) se baseou na *Bíblia* para fazer o *Alcorão*, como explicar o fato dele não ter copiado nem se quer uma das tantas contradições e erros cientificamente comprovados existentes na *Bíblia*?

O fato de haver algumas semelhanças entre o *Alcorão* e a *Bíblia* não significa que o primeiro tenha sido uma cópia do segundo, pois, se partíssemos desse pressuposto, deveríamos também dizer que o Novo Testamento é uma cópia do Velho Testamento, e assim por diante, devido às semelhanças existentes entre eles. Ora, nada mais natural que existam semelhanças entre as mensagens reveladas, afinal, a fonte é única: *Allah*, o Único, o Absoluto. Por mais que as mensagens anteriores tenham sido distorcidas e modificadas pela mão do homem, existem partes que permanecem fiéis aos ensinamentos originais e aí é que se dá a semelhança.

Agora, se as semelhanças existentes entre esses Livros são utilizadas como alegação de plágio, as gritantes diferenças existentes entre eles é a prova cabal de que um não tem origem no outro. Vejamos o que diz o pesquisador Maurice Bucaille: "No que concerne a um paralelo entre o *Alcorão* e o Evangelho, é preciso observarmos, antes, que nenhum dos assuntos dos Evangelhos que provocaram

---

[48] *Sahaba* é o plural de sahabi, que é todo aquele que se encontrou com o profeta Muhammad (Que a paz esteja com ele) pelo menos uma vez, sendo um muçulmano e tendo morrido como tal.

críticas sob o ponto de vista da ciência – e sobre os quais fizemos menção na segunda parte desta obra – encontram-se citados no *Alcorão*".[49] E diz: "A comparação de diversas narrações da *Bíblia* com as narrações sobre os mesmos temas do *Alcorão* revela diferenças fundamentais entre as afirmações bíblicas, cientificamente inaceitáveis, e os enunciados alcorânicos em perfeita concordância com os dados modernos; como vimos, para a Criação e para o Dilúvio por exemplo. Enquanto que, para a história do Êxodo de Moisés, encontrava-se no texto alcorânico um complemento precioso à narração bíblica, harmonizando-se o conjunto mui felizmente com os dados da arqueologia para situar-se no tempo à época de Moisés, já as diferenças muito importantes entre o *Alcorão* e a *Bíblia* para outros assuntos se inscreviam, ao encontro de tudo o que se pôde sustentar – sem o mínimo de provas – sobre uma pretendida cópia da *Bíblia* feita por Muhammad para elaborar o texto do *Alcorão*".[50]

---

[49] A Bíblia o Alcorão e a Ciência. Editado por C.D.I.A.L.
[50] Ibid.

A posição do Alcorão *em relação ao conhecimento*

O *Alcorão* a todo momento instiga as pessoas a raciocinarem. Ele indica que o universo deve ser observado e entendido. Diz *Allah*, o Altíssimo: **"Porventura não refletem em si mesmos?** *Allah* **não criou os céus, a terra e o que existe entre ambos, senão com a verdade e por um término prefixado"** (30:8); **"E não criamos os céus e a terra e o que há entre ambos por divertimento. Não os criamos senão com a verdade."** (44:38 e 39); **"Na criação dos céus e da terra e na alternância do dia e da noite há sinais para os discernentes. Que mencionam** *Allah*, **estando em pé, sentados ou deitados, e raciocinam na criação dos céus e da terra, dizendo: Ó Senhor nosso, não criaste isto em vão. Glorificado sejas! Proteja-nos do castigo do inferno!"** (3:19 e 191); **"Ele foi quem dilatou a terra, na qual dispôs sólidas montanhas e rios, assim como estabeleceu dois gêneros de todos os frutos. É Ele quem faz o dia suceder à noite. Nisto há sinais para aqueles que raciocinam."** (13:3); **"Ele é quem envia a água do céu, da qual bebeis, mediante a qual brotam arbustos com que alimentais o gado. E com ela faz germinar a plantação, a oliveira, a tamareira, a videira, bem como toda a sorte de frutos. Nisto há sinais para os que raciocinam."** (16:10 e 11)

Ele mostra que a razão não deve ser direcionada somente a coisas materiais, mas também a coisas abstratas como o relacionamento entre homens e mulheres, o amor e etc. **"Entre os sinais está o de haver-vos criado companheiras da vossa mesma espécie, para que com elas convivais; e colocou amor e piedade entre vós. Por certo que nisto há sinais para os que raciocinam."** (30:21); **"Elas são suas vestimentas e vós o sois delas."** (2:187); **"*Allah* recolhe as almas, no momento da morte e, dos que não morreram, ainda, (recolhe) durante o sono. Ele retém aqueles cujas mortes tem decretadas e deixa em liberdade outros, até um término prefixado. Em verdade, nisto há sinais para os que raciocinam."** (39:42)

Ele mostra que devemos raciocinar também no significado das Ayát reveladas: **"Perguntam-te o que devem gastar (em caridade). Dize-lhes: Gastai o que sobrar das vossas necessidades. Assim *Allah* vos elucida as Suas Ayát, afim de que raciocinem"** (2:219); **"E a ti revelamos a Mensagem, para que elucides os humanos, a respeito do que foi revelado, para que raciocinem."** (16:44); **"Dize: Eu não vos digo que possuo os tesouros de *Allah* ou que estou ciente do incognoscível, nem** tampouco vos digo que sou um anjo; não faço mais do que seguir o que me é revelado. Dize: Acaso se equiparam o cego e o vidente? Não raciocinais?" (6:50).

Ele incentiva o raciocínio como empenho individual e incentiva o raciocínio feito com a ajuda de uma segunda pessoa a fim de que haja uma troca de idéias: **"Dize-lhes: Exorto-vos a uma só coisa: que vos consagreis a *Allah*, em pares ou individualmente; e que raciocineis. Vosso companheiro não é um louco. Ele não é senão vosso admoestador, que vos adverte, face a um terrível castigo"** (34:46).

Ele incentiva a recordação: **"*Allah* vos ordena a justiça, a caridade, o auxílio aos parentes e veda as obscenidades, o ilícito e a iniqüidade. Ele vos exorta a que se recordem"** (16:9); **"Certamente a sinais para os que recordam."** (16:13); **"Já elucidamos os sinais para que aqueles que se recordam."** (6:126).

Incentiva a compreensão: **"Foi Ele Quem deu origem, para vós, às estrelas, para que, com a sua ajuda, vos encaminhásseis, nas trevas da terra e do mar. Temos esclarecido as Ayát para os sábios. Foi Ele Quem vos produziu de um só ser e vos proporcionou uma estância para descanso. Temos elucidado as Ayát para os que possuem a compreensão"** (6:97 e 98).

Ele nos mostra também as formas através das quais devemos obter conhecimento, entre elas:

a) Através da leitura: **"Lê, em nome do teu Senhor Que criou. Criou o homem de algo que se agarra. Lê, que teu Senhor é Generosíssimo. Que ensinou através do cálamo. Ensinou ao homem o que este não sabia"** (96:1-5).

b) Através das anotações: **"Nun. Pelo cálamo e pelo que escrevem"**[51]. (68:1).

c) Por via oral: **"Não devem todos os crentes, de uma só vez, sair para o combate; deve permanecer uma parte de cada coletividade, para instruir-se no din, e assim admoestar a sua gente quando regressar, a fim de que se acautelem"** (9:122).

d) Perguntando a quem tem conhecimento e experiência: **"Perguntai, aos adeptos da mensagem, se o ignorais"** (16:43); **"Pergunte, pois acerca disso, algum entendido (no assunto)."** (25:59).

---

[51] Quando *Allah* jura por algo é para nos mostrar a importância dele para a nossa vida e para o nosso desenvolvimento. Ao jurar pelo cálamo, que é o instrumento da escrita, e pela escrita propriamente dita, *Allah* nos chama a atenção para o efeito de ambos, o instrumento e a escrita, em nosso aprimoramento.

O Alcorão *define as bases do espírito científico*

O *Alcorão* lançou as bases do que podemos chamar de espírito científico a fim de facilitar ao homem o acesso ao conhecimento verdadeiro. Essas bases são:

1 – Rejeitar as conjecturas nos assuntos onde é necessária a certeza. Diz *Allah*, o Altíssimo: **"E a maioria só segue conjecturas, e a conjectura não substitui a verdade, *Allah* bem sabe tudo quanto fazem!"** (10:36); **"Embora careçam de todo conhecimento a esse respeito. Não fazem senão seguir conjecturas, sendo que a conjectura não substitui a verdade."** (53:28)

2 – Se desprender dos caprichos e das emoções. Diz *Allah*, o Altíssimo: **"Tais (divindades) não são mais do que nomes, com que as denominastes, vós e vossos antepassados, acerca do que *Allah* não vos conferiu autoridade alguma. Não seguem senão as suas próprias conjecturas e os seus caprichos, não obstante ter-lhes chegado a orientação do seu Senhor!"** (53:23); **"Ó Davi, em verdade, designamos-te como gerenciador na terra. Julga pois entre os humanos com a verdade e não sigas o seu capricho para que não te desvies da senda de *Allah*."** (38:26); **"E se não te atenderem, ficarás sabendo, então, que só seguem os seus caprichos. Haverá alguém mais desencaminhado do que quem segue seus caprichos sem orientação alguma de *Allah*?"** (28:50).

3 – Não imitar cegamente os outros. Diz *Allah*, o Altíssimo: **"Quando-lhes é dito: Segui o que *Allah* revelou! Dizem: Qual! Só seguimos as pegadas dos nossos pais! Segui-las-iam ainda que seus pais fossem destituídos de compreensão e orientação?"** (2:170); **"Não! Porém, dizem: Em verdade, deparamo-nos com os nossos pais a praticarem um culto, por cujos rastros nos guiamos. Do mesmo modo, não enviamos, antes de ti, qualquer admoestador a uma cidade, sem que os abastados, dentre eles, dissessem: Em verdade, deparamo-nos com os nossos pais a praticarem um culto, cujos rastros seguimos. Disse-lhes: Quê! Ainda que eu vos trouxesse melhor orientação do que aquela que seguiam os vossos pais? Responderam: Fica sabendo que renegamos a tua missão"** (43:22-24); **"Ó Senhor meu, eles me desobedeceram e seguiram aquele para os quais os bens e os filhos não fizeram mais do que lhes agravar a desventura!"** (71:21); **"No dia

em que seus rostos forem virados para o fogo, dirão: Oxalá tivéssemos obedecido a *Allah* e ao mensageiro! E dirão: Ó Senhor nosso, em verdade, obedecíamos aos nossos chefes, os quais nos desviaram da (verdadeira) senda. Ó Senhor nosso, redobra-lhes o castigo e amaldiçoa-os reiteradamente!" (33:66-68)

4 – A observação. Diz *Allah*, o Altíssimo: "**Que o homem observe, pois, do quê foi criado! Foi criado de uma gota ejaculada.**" (86:5 e 6); "**Que o homem observe o seu alimento. Em verdade, derramamos a água em abundância. Depois, abrimos a terra em fendas. E fazemos nascer grão.**" (80:24-27); "**Diga: Percorram a terra e observem como teve início a criação.**" (29:20); "**Diga: Percorram a terra e observem qual foi o destino dos agressores.**" (27:69); "**Já houve exemplos, antes de vós; percorrei, pois, a terra e observai qual foi a sorte dos desmentidores.**" (3:137); "**Acaso não percorreram a terra para verem qual foi a sorte dos seus antepassados? Eram superiores a eles em força e traços (que eles deixaram) na terra; porém, *Allah* os exterminou, por seus pecados, e não tiveram ninguém que os salvasse dos desígnios de *Allah*.**" (40:21).

5 – Não aceitar opiniões sem provas. Diz *Allah*, o Altíssimo: "**Ainda: Quem origina a criação e logo a reproduz? E quem vos dá o sustento do céu e da terra? Poderá haver outra divindade em parceria com *Allah*? Dize-lhes: Apresentai as vossas provas, se estiverdes certos**" (27:64); "**Adotarão, porventura, outras divindades além d'Ele? Dize-lhes: Apresentai vossa prova!**" (21:24); "**Diga: dê-me suas provas, se sois verazes.**" (2:111)

6 – Fazer uso do planejamento. Diz *Allah*, o Altíssimo: "**Respondeu-lhes: Semeareis durante sete anos, segundo o costume e, do que colherdes, deixai ficar tudo em suas espigas, exceto o pouco que haveis de consumir. Então virão, depois disso, sete (anos) estéreis, que consumirão o que tiverdes colhido para isso, menos o pouco que tiverdes poupado (à parte). Depois disso virá um ano, no qual as pessoas serão favorecidas com chuvas, em que espremerão (os frutos)**" (12:47-49).

Os tipos de provas classificadas no Alcorão

1 – As provas captadas pelos sentidos. Diz *Allah*, o Altíssimo: **"Dize-lhes: Porventura, tendes reparado no que invocais em lugar de *Allah*? Mostrai-me o que têm criado na terra! Têm participado, acaso, (da criação) dos céus? Apresentai-me um livro revelado antes deste, ou um vestígio de ciência, se estiverdes certo"** (46:4); **"Aí está a criação de *Allah*! Mostrai-me, então, o que criaram outros, em lugar d'Ele. Porém os iníquos estão em evidente erro."** (31:11)

2 – A prova obtida através da revelação que pode ser tanto o Livro em si, como também as orientações dadas pelo mensageiro, que tem por obrigação explicar na prática os ensinamentos contidos nesse Livro. Diz *Allah* o Altíssimo: **"Nem fala por capricho. Isso não é senão a revelação que lhe foi revelada"** (53:3 e 4); **"Dize-lhes: Quem pode proibir as galas de *Allah* e o desfrutar dos bons alimentos que Ele preparou para Seus servos?"** (7:32); **"Dize-lhes: Apresentai vossa prova! Eis aqui a mensagem daqueles que estão comigo e a mensagem daqueles que me precederam."** (21:24)

3 – A prova histórica. Diz *Allah*, o Altíssimo: **"Apresentai-me um livro, revelado antes deste, ou um vestígio de ciência, se estiverdes certos"** (46:4); **"Acaso não percorreram a terra para verem qual foi a sorte dos seus antepassados? Eram superiores a eles em força e traços (que eles deixaram) na terra; porém, *Allah* os exterminou, por seus pecados, e não tiveram ninguém que os salvasse dos desígnios de *Allah*."** (40:21); **"Diga: Percorram a terra e observem qual foi o destino dos agressores."** (27:69); **"Já houve exemplos, antes de vós; percorrei, pois, a terra e observai qual foi a sorte dos desmentidores."** (3:137)

4 – A prova lógica. Diz *Allah*, o Altíssimo: **"Dize-lhes: Apresentai as vossas provas, se estiverdes certos."** (27:64) e **"Dize-lhes: Apresentai vossas provas!"** (21:24)

A Sunna

A Sunna pode ser definida como o conjunto de ditos, atos, concordâncias e descrições físicas e morais do mensageiro de *Allah* (Que a paz esteja com ele).

A obrigatoriedade de se obedecer ao mensageiro de Allah

Como vimos anteriormente, o *Alcorão* nos mostrou a função do mensageiro e a sua obrigação em relação a mensagem e nos mostrou também que tudo o que ele diz é fruto de revelação divina, diz *Allah*, o Altíssimo: " **Certamente (este *Alcorão*), é uma revelação do Senhor dos mundos. Com ele desceu o Espírito Fiel, para o teu coração, para que sejas um dos admoestadores, em elucidativa língua árabe**" (26:192 à 195) e **"E a ti revelamos a Mensagem, para que elucides os humanos, a respeito do que foi revelado, para que meditem."** (16:44); **"Nem fala por capricho. Isso não é senão a revelação que lhe foi revelada."** (53:3 e 4); **"E a ti revelamos a Mensagem, para que elucides os humanos, a respeito do que foi revelado, para que raciocinem."** (16:44) E diz ainda: *"Allah* **agraciou os crentes, ao fazer surgir o mensageiro da sua estirpe, que lhes ditou as Suas Ayát, redimiu-os, e lhes ensinou o Livro e a Sabedoria, embora antes estivessem em evidente erro"**[52] (3:164).

Outras Ayát são mais claras ainda ao se referir a obrigatoriedade de se obedecer ao mensageiro (Que a paz esteja com ele), diz *Allah*, o Altíssimo: **"Aceitai, pois, o que vos der o mensageiro, e abstende-vos de tudo quanto ele vos proíba."** (59:7); **"Obedecei a *Allah* e ao Seu mensageiro, a fim de que sejais compadecidos."** (3:132); **"Ó crentes, atendei a *Allah* e ao mensageiro, quando ele vos convocar à salvação."** (8:24) **"Quem obedecer ao mensageiro obedecerá a *Allah*."** (4:80) **"Dize: Se verdadeiramente amais a *Allah*, segui-me; *Allah* vos amará e perdoará as suas faltas."** (3:31); **"Dize: Obedecei a *Allah* e ao mensageiro! Mas, se recusarem, saibam que *Allah* não aprecia os incrédulos."** (3:32) E disse o mensageiro de *Allah* (Que a paz esteja com ele) "Deixei com vocês duas coisas que se vocês se apegarem a elas jamais se desviarão: o Livro de *Allah* e a Sunna do Seu mensageiro".[53]

---

[52] *Allah* nessa ayah, faz alusão a duas graças que objetivavam retirar as pessoas do erro no qual se encontravam mergulhadas. A primeira foi o envio de um mensageiro da sua estirpe e a segunda foi lhe revelar o Livro (*Alcorão*) e a Sabedoria (Sunna) para que ele as ensinasse as pessoas. Disse o mensageiro de *Allah* (Que a paz esteja com ele): "Em verdade foi me dado o *Alcorão* e um outro igual junto (referindo-se a Sunna)" (Relatado por Ahmad, Abu Dáud e Tirmizi). Logo, entende-se a obrigatoriedade de se obedecer ao mensageiro de *Allah* (Que a paz esteja com ele), afinal, se faz parte das graças de *Allah* para com as Suas criaturas e é uma obrigação do mensageiro ensiná-las afim de tirá-las do erro, automaticamente, torna-se obrigatório obedecê-lo.

[53] Relatado por Al Hákim e Al Baihaki.

A compilação da Sunna

Os *sahaba*[54] tinham um convívio diário com o mensageiro de *Allah* (Que a paz esteja com ele), nesse convívio eles esclareciam as suas dúvidas e buscavam aprender o máximo acerca do Islam. O comportamento do mensageiro (Que a paz esteja com ele) era um foco de grande importância para os *sahaba*, pois esses, obedecendo a convocação de *Allah* que diz **"Realmente tendes no mensageiro de Allah um excelente exemplo a ser seguido,"** (33:21) tinham no mensageiro (Que a paz esteja com ele) o exemplo máximo.

A Sunna não foi registrada da mesma forma que o *Alcorão*. A princípio, o profeta (Que a paz esteja com ele) proibiu que se fizessem registros escritos dos ahadice, para evitar que as pessoas misturassem o *Alcorão* com a Sunna, pois muitos ainda não conseguiam diferenciar ambos. Pode-se acrescentar a isso o fato de que poucos eram os materiais de escrita na época e poucos eram os que sabiam escrever, e esses se dedicavam a registrar o *Alcorão*. Nessa primeira fase a preservação da Sunna se deu através da memorização[55]. Passada essa primeira fase, o profeta (Que a paz esteja com ele) permitiu que se fizesse o registro escrito da Sunna: podemos citar: as páginas de Abdullah bin Amer bin Al Áss chamada Assádika (a verídica), Sahifat abdullah bin Aufa, Sahifat Jábir bin Abdillah, Sahifat Saad bin Ubada, Sahifat Samratu bin Jundub, Sahifat Abu Huraira, o texto que o profeta (Que a paz esteja com ele) ordenou que se escrevesse e que tratava das relações entre os habitantes de Madina – os Muhajirin[56], os Ansár[57] e os judeus que entravam em acordo com eles –, as cartas enviadas pelo profeta (Que a paz esteja com ele) aos líderes da época, como os imperadores da Pérsia, de Bizâncio, da Abissínia, do Egito, entre

---
[54] Vide nota 48.
[55] Os árabes eram conhecidos pela sua enorme capacidade de memorização, aliás o uso da memória como forma de preservação do conhecimento era algo extremamente comum.
[56] Muhajirin é o plural de muhájir, que é todo aquele que migrou de Makka para Madina.
[57] Ansár, referência aos habitantes de Madina que receberam os muhájirin.

outras, e os tratados acerca das caridades, do testamento, além de registros feitos por Abu Baker, Omar[58] e Ali[59].

O profeta (Que a paz esteja com ele) ordenou que os seus companheiros passassem adiante o que lhes era ensinado, disse o mensageiro de *Allah* (Que a paz esteja com ele): "Que os presentes façam chegar (os ensinamentos) aos ausentes"[60]. E disse: "Divulguem por mim nem que seja uma Ayah"[61]; advertiu que seria punido com um castigo severo aquele que mentisse a seu respeito: "Aquele que mentir propositadamente a meu respeito, que prepare o seu assento no inferno"[62]. Isso fez com que brotasse no íntimo dos *sahaba* um enorme senso de responsabilidade. E como havia diferentes níveis de conhecimentos dentro do grupo dos *sahaba* em relação aos ahadice, esses só se pronunciavam quando tinham plena certeza. Podemos citar alguns casos como exemplo: Abdullah bin Zubair disse a seu pai: "Eu não lhe ouço falar os ahadice como o faz fulano e fulano", então disse seu pai: "Eu não desgrudava do profeta (Que a paz esteja com ele), só que eu ouvi ele dizer 'Aquele que mentir a meu respeito, que prepare o seu assento no inferno'.[63] Costumavam pedir a Zaid bin Al Arkam que falasse alguns ahadice, então ele dizia: "Envelhecemos e esquecemos. E falar ahadice do profeta (Que a paz esteja com ele) é algo de grande responsabilidade". Já Abu Huraira, Ibin Abáss, Aicha e Abdullah bin Omar, entre outros, relataram uma quantidade enorme de ahadice.

Com a expansão do Islam, muitos sahaba se espalharam a fim de levar o conhecimento do Islam a outras regiões, e por isso muitos *sahaba* viajavam a fim de se certificar de que fulano realmente ouviu do profeta (Que a paz esteja com ele) determinado hadice que ele ouvira por intermédio de terceiros, ou para confirmar um hadice que ele ouvira do profeta (Que a paz esteja com ele) e que ele lembrava estar fulano presente no momento em que ele ouvira tal hadice, viagens essas que as vezes duravam meses. Como o fez Jábir bin Abdillah que viajou um mês inteiro

---

[58] Ele é o príncipe dos crentes. Omar bin Al Khatáb, nasceu no ano 40 antes da Hégira. Foi o segundo dos califas probos, e o primeiro a ser chamado de príncipe dos crentes. Governou durante dez anos, seis meses e quatro dias. Morreu assassinado no ano 23 H, aos 63 anos.

[59] Ele é o príncipe dos crentes Ali bin Abi Tálib, nasceu no ano 23 antes da Hégira. Era primo do profeta (Que a paz esteja com ele). Se casou com Fátima Al Zahrá (filha do profeta), com a qual teve dois filhos Al Hassan e Al Hussein. Foi o quarto dos califas probos, governou durante quatro anos, nove meses e alguns dias. Faleceu no ano 40 H.

[60] Relatado por Ibin Abdil Bar.

[61] Relatado por Bukhari.

[62] Relatado por Bukhari.

[63] Relatado por Bukhari.

até Damasco a fim de confirmar um hadice que ele não ouvira do profeta (Que a paz esteja com ele) e como o fez também Abu Ayub al Ansári que viajou de Madina ao Egito afim de confirmar um hadice com Ukba bin Ámer, pois não sobrara ninguém dos que ouviram tal hadice além deles dois. Esse hábito de viajar em busca de ahadice foi absorvida também pelos grandes Tabiín[64], como Saíd bin Al Mussaib, Hassan Al Bassri, entre outros.

Só que a partir do ano 40 H algumas pessoas começaram a inventar ahadice afim de apoiar as suas idéias e os seus interesses. No início eram poucos os ahadice inventados, pois ainda haviam os sahaba e os grandes Tabiín que eram conhecidos pelo temor a *Allah*, pela honestidade, pela religiosidade e pelo conhecimento, e que não permitiam que um hadice inventado se espalhasse, pois eles o reconheciam e o desmascaravam. Eles tinham uma grande preocupação com o Isnad[65], não aceitavam um hadice sem Isnad, a não ser que fosse transmitido por um sahabi (companheiro do profeta). *Allah* no *Alcorão* e Seu mensageiro (Que a paz esteja com ele) testemunharam acerca da honestidade deles, em várias Ayát e ahadice, além do testemunho da história. Disse o tabii Ibin Sirin: Em verdade esses ahadice são a religião, por isso cuidado com quem vocês pegam a religião." Disse Abdullah bin Mubárak: "O Isnad faz parte do din[66], e se não fosse o Isnad qualquer um diria o que quisesse". A partir daí criou-se uma verdadeira ciência a fim de se certificar da autenticidade dos ahadice, como veremos mais adiante.

Após esta fase temos a época da compilação dos ahadice. Alguns desses foram compilados na forma de Massánid, na qual se compilavam os ahadice de acordo com os transmissores dentre os *sahaba*, sem se preocupar com os temas abordados, por exemplo, pegavam todos os ahadice narrados por Abu Huraira e os colocavam todos juntos. Entre essas compilações, a mais conhecida é o Musnad do Imam Ahmad e outros foram compilados na forma de Jauámi e Sunan, na qual se fazia a compilação baseada nos assuntos – por exemplo capítulo do conhecimento –, então se colocavam todos os ahadice existentes sobre esse tema. Entre eles os mais conhecidos são o Sahih do Bukhari (que é o livro mais verídico depois do *Alcorão*) o Sahih do Musslim (que se iguala ao Sahih do Bukhari em veracidade), os Sunan de Abu Daúd, Tirmizi, Ibin Mája, Nassái e a Muataa do Imam Málik.

---

[64] Tabiín é o plural de tabii que são todos aqueles que conviveram com os sahaba, sendo muçulmanos.
[65] Cadeia de transmissores do hadice.
[66] Sistema de vida revelado por Allah.

O que teria motivado a invenção de ahadice?

As diferenças políticas que surgiram com a fitna (intriga) no califado de Othman, planejada por Abdullah bin Sabá que dizia ser Ali uma divindade, deram início ao movimento xiita[67], a inimizade em relação ao Islam, o apego exagerado a tribo (a região a que pertencia, a língua e ao líder), as divergências em relação ao entendimento das leis, a ignorância em relação ao Islam junto com a vontade de fazer o bem, a vontade de se aproximar dos reis e imperadores através de opiniões que dessem suporte aos seus caprichos e a utilização de estórias afim de orientar as pessoas, sem que houvesse uma preocupação em relação a veracidade do que se estava sendo dito, todos esses fatores contribuíram para que se começasse a invenção de ahadice.

---

[67] O Xiismo teve o seu início como um movimento político que pregava que Ali (primo do profeta) deveria ser o califa após a morte do profeta (Que a paz esteja com ele). Essa diferença que era apenas política cresceu e se estendeu a diferenças na crença e na jurisprudência. Os xiitas se subdividem em vários outros grupos, os mais conhecidos são os Ithná Achariia, os Issmáilia e os Zaidias. Os xiitas não chegam nem a 20% do total dos muçulmanos.

O empenho dos sábios a fim de reprimir esse movimento

A fim de fazer frente a essa nova situação que ameaçava a preservação dos ensinamentos proféticos, os sábios muçulmanos criaram verdadeiras ciências que tinham por objetivo separar o joio do trigo. Entre essas ciências, se encontram a ciência do Mustalah Al Hadiss, analisa o Maten (texto) e o Isnad por meio de leis e bases que visam separar o hadice autêntico do falsificado; a ciência do Jarh ua Taadil, que faz uma análise do comportamento, do caráter e das características de cada membro de qualquer Isnad – seja para mostrar que não se pode pegar o seu hadice – por ser ele um mentiroso, por não ter boa memória, por ser displicente ou para mostrar que se pode pegar o seu hadice; por ser uma pessoa confiável; de boa memória; e a ciência do Tarajim Arijál, que analisa minuciosamente a biografia de todas as pessoas que tenham aparecido em qualquer Isnad, analisando a época em que ela viveu, os seus contemporâneos com os quais pudesse ter se encontrado, entre outras. A preocupação de se conhecer o transmissor a fim de se certificar da autenticidade da Sunna teve início com os pequenos sahaba[68].

---

[68] Os pequenos sahabas são aqueles que faleceram depois da fitna (intriga), ou seja, eram bem jovens na época do profeta (que a paz esteja com ele). Entre eles podemos citar Ibin Abáss, Ubádat bin Sámit, Anas bin Málik.

Divisões do hadice de acordo com a aceitação ou a rejeição do mesmo

Vejamos agora de maneira sucinta as classificações dos ahadice.

A) Hadice Sahih (verídico) – É aquele cujo Isnad se encontra completo[69], cujos membros sejam justos,[70] precisos[71] e que não sejam chaz[72] nem mualal[73].

B) Hadice Hassan (bom) – É aquele que se encaixa em todas as condições do Sahih, com exceção da precisão, é intermediário entre o Sahih e o Daíf (fraco).

C) Hadice Daíf (fraco) – É aquele que não se encaixa nos critérios do Sahih. E se divide em:

1 – Mualak – Aquele em que se encontra oculto um ou mais transmissores do início da cadeia.

2 – Murssal – Aquele em que o tabii relata diretamente do profeta (que a paz esteja com ele) sem citar o sahabi que transmitiu o hadice.

3 – Muadal – Aquele em que se encontra a omissão de dois ou mais transmissores consecutivos.

4 – Munkatii – Aquele em que se encontra a omissão de um ou mais transmissores (sem que esse seja um sahabi), sem que, no entanto, sejam consecutivos.

5 – Mudalass – O Mudalass se divide em dois: a) Tadliss Al Isnad – É aquele em que um transmissor, omite quem lhe transmitiu e se refere

---

[69] Que não haja um corte no Isnad de forma que se conheça todos os transmissores dessa cadeia e que cada transmissor tenha ouvido diretamente do outro. O corte no Isnad é conhecido quando os transmissores não são contemporâneos de forma que um não pode ter ouvido do outro, quando não há provas de que tenham se encontrado ou quando há provas de que um não ouviu do outro.

[70] É todo aquele que é conhecido pelo temor a Allah (que não incorreu em pecados grandes e nem se manteve incorrendo em pecados pequenos) e que é conhecido por dizer e fazer tudo o que é bem-visto pelos outros e que se afasta de tudo o que é malvisto pelos outros.

[71] Aquele que é preciso na preservação do hadice, seja através da memória ou através do registro escrito.

[72] O chaz é aquele cujo transmissor confiável vai contra a transmissão de quem é mais confiável que ele.

[73] O mualal é aquele que possui um motivo oculto à primeira vista e que compromete o Isnad.

apenas a quem transmitiu à pessoa que lhe transmitiu. b) Tadliss Achuiukh – É aquele em que o transmissor se refere a pessoa que lhe transmitiu ou por um apelido, ou pelo sobrenome que é pouco conhecido.

6 – Murssal Khafí – É aquele cujo transmissor diz ou insinua ter ouvido de uma pessoa cujo encontro não é comprovado.

7 – Maudú – É aquele hadice que foi inventado.

8 – Munkar – Aquele cujo transmissor não é confiável por errar muito, ou por ser distraído entre outros.

9 – Mualal – Aquele cujo transmissor cometeu algum erro na hora de transmitir o hadice como, por exemplo, acrescentar trechos imaginando que essas fazem parte do mesmo.

10 – Matruk – É aquele cujo transmissor é conhecido entre as pessoas como mentiroso, ou cujo hadice vai contra os princípios da religião.

11 – Mudraj – Aquele cujo transmissor narra determinado hadice mudando a seqüência dos transmissores colocando no lugar dos que lhe transmitiram esse hadice; outros que lhe transmitiram outro hadice, ou também que ouve uma parte do hadice de um transmissor direto e o restante de um intermediário omitindo o nome desse último ao transmitir o hadice; ou que relata um hadice e acrescenta parte de outro hadice sem, no entanto, indicar isso ou que, ainda relata um hadice sem conhecer toda a seqüência de transmissores, acrescentando pessoas de uma outra seqüência de transmissores.

12 – Maklub – Aquele em que o transmissor inverte as palavras do hadice de modo a modificar o seu significado, inverte o nome do transmissor ou troca um transmissor por outro.

13 – Mazid Fi Mutassil Al Isnad – Aquele em que se acrescenta um transmissor que não faz parte da cadeia.

14 – Mudtarib – Aquele cujo transmissor narra o mesmo hadice de maneiras diferentes, ou aquele em que vários transmissores narram o mesmo hadice de maneiras diferentes.

15 – Mubham – Aquele cujo nome de um dos transmissores não é especificado, como, por exemplo: "Ouvi de uma pessoa confiável", ou "ouvi de meu professor".

A posição da Sunna em relação ao conhecimento

Em várias passagens a Sunna incentiva a busca do conhecimento, vejamos alguns ahadice:

"Aquele a quem *Allah* quer bem lhe dá a compreensão do din."[74]

"Aquele que sai em busca do conhecimento está no caminho de *Allah* até retornar."[75]

"A busca do conhecimento é obrigação de todo muçulmano."[76]

"O mérito do saber é superior ao mérito da adoração (voluntária)."[77]

"Aquele que percorre um caminho em busca do conhecimento, *Allah* facilitará o seu caminho em direção ao paraíso."[78]

"Os sábios são herdeiros dos mensageiros."[79]

---

[74] Relatado por Bukhari, Musslim, Ibin Mája.
[75] Relatado pelo Tirmizi.
[76] Relatado por Ibin Mája.
[77] Relatado por Tabaráni e Bazár.
[78] Relatado por Musslim, Ibin Mája, Abu Daúd, Tirmizi, Nassái, Ibin Hibán e Hákim.
[79] Relatado por Ahmad, Abu Daúd, Tirmizi, Ibin Mája, Ibin Hibán, Baihaki, Hákim.

A Sunna e o conhecimento experimental

A Sunna tratou de várias etapas que formam a base para o conhecimento experimental, são elas:

1) Combate ao analfabetismo – Narra-se que na batalha de Bader, os muçulmanos fizeram 70 prisioneiros de guerra, o profeta (Que a paz esteja com ele) colocou um preço de acordo com a condição financeira de cada um para que fossem libertados, e aqueles que não possuíam bens, tinham que ensinar dez crianças de Madina a ler e a escrever.[80] Narra-se que o profeta (Que a paz esteja com ele) contratou Achifá bint Abdillah para ensinar a mãe dos crentes[81] Hafsa a escrever[82].

2) Rejeitar a incerteza – Disse o profeta (Que a paz esteja com ele): "Cuidado com a incerteza, pois ela é a mais mentirosa de todas as conversas"[83].

3) Prevenir-se contra a bajulação e a imitação cega de quem quer que seja – Disse o profeta (Que a paz esteja com ele): "Que nenhum de vocês seja um bajulador, que diz: 'Eu estou com as pessoas, se elas acertarem eu acerto e se elas errarem eu erro'. Em vez disso, determinem a si mesmos: se as pessoas acertarem a acertarem também, e se as pessoas errarem, a não serdes injustos"[84].

4) utilização da estatística sempre que necessário – Disse o profeta (Que a paz esteja com ele): "Calculem quantas pessoas aderiram ao Islam"[85].

5) Fazer uso do planejamento – Isso fica claro quando analisamos o episódio da Hégira (migração), quando o profeta (Que a paz esteja com ele) decidiu migrar, tomando assim as seguintes providências:

---

[80] Relatado no Tabakát de Ibin Saad.
[81] Título dado às esposas do profeta.
[82] Relatado por Ahmad e Abu Daúd.
[83] Relatado por Bukhari, Musslim, Ahmad, Abu Daúd, Tirmizi.
[84] Relatado pelo Tirmizi.
[85] Relatado por Bukhari e Musslim.

a) Escolheu quem o acompanharia na viajem.

b) Escolheu quem ficaria no seu lugar e seria responsável por devolver aos moradores de Makka os bens que esses guardavam com ele.

c) Escolheu um guia de confiança que conhecia os caminhos mais difíceis que levavam até Madina, para com isso dificultar a perseguição por parte dos incrédulos de Makka.

d) Escolheu o local onde se esconderia por um tempo até que os incrédulos de Makka se esquecessem dele, permitindo, assim, que ele pudesse completar o percurso com mais tranquilidade e mais segurança.

e) Escolheu quem seriam as pessoas que se responsabilizariam por levar alimentos e notícias, de Makka durante o período em que estivesse escondido.

f) Marcou um encontro com o guia após alguns dias, para que pudessem dar prosseguimento a viajem.

6) Fazer uso da experiência nos assuntos mundanos – Disse o profeta (Que a paz esteja com ele): "Vocês sabem mais acerca dos negócios mundanos"[86].

7) Ouvir a opinião dos especialistas – Quando aconteceu batalha de Bader, o profeta (Que a paz esteja com ele) seguiu o conselho de Al Habáb bin Al Munzir e na batalha de Al Khandak ele seguiu o conselho de Salmán, o persa, e construiu uma trincheira em volta de Madina, coisa que os árabes não conheciam.

---

[86] Relatado por Musslim e Ahmad.

A revelação, a razão e os sentidos

A razão e os sentidos são instrumentos de obtenção de conhecimento que se encontram em todos os seres humanos, e todo o conhecimento obtido por meio de ambos é fruto de um empenho, de um esforço empreendido pela pessoa.

Já a revelação é um instrumento que é particular a determinadas pessoas que são escolhidas por *Allah*, apesar do seu conhecimento se estender a determinados povos ou a toda a humanidade. O conhecimento obtido por meio da revelação, não depende de empenho pessoal, ele acontece independente da vontade do mensageiro, de acordo com a vontade de *Allah*.

Na concepção islâmica, o conhecimento se dá através da interação entre esses três instrumentos. A partir da percepção se exercita a razão, que juntamente com a revelação, são os instrumentos principais de obtenção do conhecimento. E esses dois instrumentos não atuam de forma separada, eles interagem se complementando, apesar de em certos momentos um ter uma atuação maior que o outro. Por exemplo, o mundo material é uma área vasta para a atuação da razão, mas a revelação atua nessa área orientando acerca da relação existente entre o homem e o universo, mostrando a forma correta de se relacionar com ele e o objetivo existente por detrás do exercício da razão. Em contrapartida, a razão tem o seu papel dentro da religião, que é da alçada da revelação, pois através da razão se confirma a religião. A razão também atua retirando os ensinamentos e as regras contidas na revelação. Diz *Allah*, o Altíssimo: **"*Allah* vos extraiu das entranhas de vossas mães, desprovidos de entendimento, proporcionou-vos os ouvidos, as vistas e os corações, para que Lhe agradecêsseis"** (16:78); **"Não sigas (ó humano) o que ignoras, porque pelo teu ouvido, pela tua visão, e pelo teu coração, por tudo isto serás responsável"** (17:36); **"E não sejais como aqueles que dizem: Escutamos!, quando na realidade não escutam"** (8:21); e diz ainda **"E dirão (mais): Se tivéssemos escutado e meditado, não estaríamos entre os condenados aos tártaro!"** (67:10).

Por volta de 1100 d.C., al Ghazali escreveu que: "O suporte da religião é o intelecto".

O nascimento de uma gloriosa civilização

Após termos feito uma análise acerca das fontes do conhecimento na concepção islâmica, e em especial da revelação, é importante mostrarmos como essa mesma revelação, criou uma gloriosa civilização e contribuiu de forma decisiva para o desenvolvimento científico atual, para que, assim, possamos acabar com a imagem enraizada em nosso inconsciente de que existe uma grande batalha sendo travada entre a ciência e a religião.

Quando o Islam surgiu, o mundo se encontrava moralmente decadente, as injustiças, as desigualdades e a ignorância imperavam. Nesse ambiente turbulento e afastado da influência das grandes civilizações da época, a bizantina e a persa, surge o Islam, conclamando as pessoas a justiça – **"Quando julgardes vossos semelhantes fazei-o com justiça"** (4:58) –, a igualdade – **"Ó gentes, Nós vos criamos de machos e fêmeas e vos dividimos em povos e tribos para que vos reconhecêsseis uns aos outros, sabei que o mais honrado dentre vós ante Allah é o mais temente."** (49:13) – e as luzes do conhecimento – **"Diga: Acaso se equiparam os que sabem e os que não sabem?"** (39:9).

Esse chamado promoveu uma verdadeira revolução. Aqueles árabes que na jahilia[87] estavam mergulhados na ignorância, no tribalismo e na decadência moral, ao abraçarem o Islam e receberem a educação religiosa e espiritual das mãos do profeta Muhammad (Que a paz esteja com ele), se transformaram em luzes caminhantes que deixavam rastros de luz por onde passavam, essa foi a primeira geração de muçulmanos. Uma vez transformados, os muçulmanos ultrapassaram os limites da Arábia para assim iluminar o restante do mundo que se encontrava mergulhado nas trevas, pois como disse Saiid Kutub, "E daí vem o valor da fé (...) pois ela é movimento e ação, construção e progresso (...) se dirige à Allah (...) ela não é recolhimento, negativismo e isolamento nos íntimos da consciência, e não é apenas boas intenções que não se transformam em movimento, e esta é a natureza destacada do Islam que faz dele uma enorme força construtiva no auge da

---
[87] Vide nota 44.

vida."[88] E imbuídos desse espírito e da revelação divina os muçulmanos partiram mundo afora.

Nesse empreendimento, eles buscaram absorver todo o conhecimento que lhes eram apresentados, afinal, como disse o profeta Muhammad (Que a paz esteja com ele), "A palavra de sabedoria é a propriedade perdida do crente, onde quer que ele a encontre, ele tem mais direito sobre ela."[89] Imbuídos desse espírito, eles resgataram obras de Aristóteles, Euclides, Ptolomeu, Galeno, Platão, Hipócrates, entre outros; obras que haviam caído no esquecimento desde a queda do Império Romano, introduziram na Europa o sistema decimal criado pelos hindus no século V, criaram novas tábuas trigonométricas, entre outros tantos conhecimentos deixados como herança ao ocidente.

O Islam criou um ambiente que propiciou o desenvolvimento científico. Isso ocorreu porque essa civilização não conhecia a dicotomia entre religião e ciência, pois, como disse o Dr. Yussef al Karadawi, "Esta é uma civilização de origem divina, é uma civilização alicerçada na fé. O conhecimento para nós é parte da religião e a religião é parte do conhecimento. É conhecimento, pois está alicerçado em bases científicas, alicerçado na razão e nas provas". Todo o conhecimento era buscado com a intenção de servir ao Din[90], por exemplo, o livro escrito por Al Khuarizmi no qual se encontram as bases da álgebra foi feito com o intuito de solucionar algumas questões do fiqh[91], mais especificamente questões relacionadas ao cálculo da herança; outro exemplo é que Al Hassan Bin Al Haitham ao iniciar o seu tratado oftalmológico, que era um trabalho científico, totalmente ligado a matéria e aparentemente sem nenhuma ligação com a religião, o faz em nome de *Allah*, em seguida louva e enaltece a *Allah* e pede a Ele o êxito.

Estudiosos de várias partes do mundo (Europa, Ásia e África) imigravam para as cortes otomanas. Os reis cristãos e pessoas doentes vinham de toda Europa ocidental para se tratarem com os médicos de Córdoba, pois esses tinham um conhecimento profundo de ervas, drogas e cirurgias.

---

[88] Saiid Kutub – *Nas Sombras do Alcorão*, vol. VIII.
[89] Relatado por Ibin Mája e Tirmizi. Este hadice é *Daíf* (fraco), pois a sua corrente de transmissão é fraca, mas o seu significado é correto e é confirmado pelo seguinte dizer de Ali Bin Abi Tálib: "O conhecimento é a propriedade perdida do crente, por isso peguem-no mesmo que seja das mãos dos incrédulos".
[90] Sistema de vida.
[91] É o conhecimento das regras relacionadas a prática da jurisprudência que são extraídas das suas fontes que são o *Alcorão*, a Sunna, o consenso e a analogia.

Após a reconquista da Espanha, os ensinamentos deixados pelos muçulmanos continuaram influenciando os estudiosos, só que agora por meio dos livros escritos por estes que foram descobertos pelos cruzados no mundo islâmico.

Os conhecimentos tecnológicos e experimentais dos muçulmanos influenciaram os pensadores europeus, que munidos dessa bagagem alçaram novos vôos e partiram em busca de novas descobertas.

As instituições islâmicas criadas para resgatar e produzir conhecimento

a) As escolas e as instituições científicas

Várias foram as escolas e instituições científicas construídas, ao ponto de existir pelo menos uma em cada cidade e em cada aldeia do mundo islâmico, e todas elas construídas graças às contribuições feitas por sábios, comerciantes e reis.

A princípio, as aulas eram ministradas nas mesquitas, pois essas além de serem locais de orações desempenhavam um papel primordial no que se referia ao conhecimento. Mais tarde passou-se a construir um espaço ao lado das mesquitas semelhante ao colégio primário, onde se alfabetizava, ensinava-se o *Alcorão* e algo da língua árabe; depois passou-se a construir escolas ao lado desses espaços cujo estudo se assemelhava ao nosso segundo e terceiro grau. Essas escolas eram verdadeiros complexos educacionais nos quais tinham mesquita, salas de aula, dormitórios, cozinha, banheiros, bibliotecas e algumas ainda tinham quadras esportivas, o ensino era gratuito permitindo assim que todas as pessoas de todas as classes sociais pudessem ter acesso ao conhecimento, recebiam alunos vindos de outras localidades. Disse Paul Lunde a esse respeito "A corte de Córdoba, como aquela de Bagdá, estava aberta aos muçulmanos, aos judeus e aos cristãos igualmente, e um bispo proeminente queixou-se de que, os jovens cristãos se devotavam ao estudo do árabe, em vez do Latim isso como um reflexo do fato de que o árabe, surpreendentemente em um curto período de tempo, tornou-se o idioma internacional da ciência, como o inglês o é hoje."[92]

Entre essas escolas podemos citar a escola Annuria fundada pelo grande herói Nur Addin Achahid na cidade de Damasco, cuja construção continua preservada, e um exemplo vivo desses complexos educacionais é a tão conhecida universidade de Al Azhar no Egito, que é formada de mesquita e dormitórios. É importante citar que as pessoas só podiam dar aulas após receberem autorização dos grandes professores da época. Vejamos o que o orientalista francês Gustave Le Bon disse a esse respeito: "Quando se apoderavam de uma cidade seu primeiro

---
[92] Paul Lunde – *Science in Al-Andalus*.

cuidado era fundar uma mesquita e uma escola, multiplicando-as nos grandes centros. Benjamim de Tudela, morto em 1173, conta que em Alexandria localizara vinte. Além das escolas para o simples ensino médio, as cidades de grande categoria como Bagdá, Cairo, Toledo, Córdoba, etc., possuíam universidades providas de laboratórios, observatórios, etc., ricas bibliotecas e todo o material necessário para as investigações científicas."[93]

b) Os hospitais e as academias de medicina

Os hospitais eram de dois tipos, móveis e fixos. O primeiro hospital móvel foi construído na época do profeta Muhammad (Que a paz esteja com ele), durante a batalha das trincheiras era uma tenda que estava sob a responsabilidade de Rafidah (companheira do profeta); já o primeiro hospital fixo foi construído na época do Walid bin Abdil Malik, e em seguida passou-se a construir prontos-socorros.

Os hospitais possuíam biblioteca e salas específicas para estudos, palestras, debates e leituras de livros de medicina, nos quais se reuniam professores e alunos de medicina, além das aulas práticas que ocorriam sob a supervisão dos professores. Os médicos só eram autorizados a exercer a função, após serem testados pelos grandes médicos da região. O atendimento nos hospitais era gratuito. Haviam também inspetores que avaliavam as condições de higiene dos hospitais. Entre esses hospitais podemos citar: o hospital Al Adadi em Bagdá, fundado em 371 H, o hospital Annuri Al Kabir em Damasco, fundado por Nur Addin Achahid em 549 H, correspondente a 1154 d.C., o hospital Al Manssuri Al Kabir, fundado em 683 H, correspondente a 1284 d.C., e o hospital Marokish fundado pelo príncipe dos crentes Al Manssur Abu Yussef, rei do Marrocos.

Vejamos o que disse Paul Lunde: "Os hospitais foram organizados da mesma forma. O maior, construído em Córdoba, tinha fornecimento de água corrente e banheiras, e tinha seções diferentes para o tratamento de várias doenças, cada qual era dirigido por um especialista. Era requerido dos hospitais, que esses funcionassem 24 horas, para atender os casos de emergências, não podendo deixar nenhum paciente sem atendimento."[94]

---

[93] Gustave Le Bon – *A Civilização Árabe*.
[94] Paul Lunde – *Science in Al-Andalus*.

c) Bibliotecas públicas e privadas

Existiam dois tipos de bibliotecas, as públicas e as particulares.

As bibliotecas privadas eram formadas de vários quartos, cada quarto dedicado a uma área de conhecimento, por exemplo, um quarto para medicina, outro para as ciências do hadice, outra para a literatura e assim por diante. Haviam quartos dedicados aos copiadores, sala para aqueles que desejavam pesquisar; em algumas bibliotecas se encontravam também quarto dedicado a música, para que as pessoas pudessem ter um descanso no decorrer do seu trabalho ou da sua pesquisa, e em algumas havia também cozinha e dormitório para os estrangeiros que visitavam a biblioteca. Entre essas bibliotecas podemos citar Khazanatul Hikmat, fundada por Ali bin Iahia bin Al Munajam e a Dar Al Ilm, fundada por Abul Kássim Jaafar bin Muhammad bin Hamdán Al Mussili.

Já as bibliotecas públicas possuíam vários funcionários, podemos citar entre eles: pessoas responsáveis por trazer os livros desejados às pessoas, os tradutores, os copiadores, os encadernadores, entre outros. Ao emprestarem os livros, as bibliotecas costumavam receber uma quantia como garantia de devolução do livro.

Entre as bibliotecas mais importantes podemos citar:

1 – A Biblioteca dos califas Fatimitas – Esta possuía cerca de um milhão e seiscentos mil livros.

2 – Dar Al Hikmat – Fundada no Egito no ano de 395 H – possuía 40 depósitos cada um com 1,8 mil livros.

3 – Baitul Hikmat – Fundada por Harun Arachid, em Bagdá. Está biblioteca se parecia muito com uma universidade. Ela possuía tradutores e copiadores que traduziam e copiavam os livros conseguidos nas conquistas. Ela teve o seu apogeu na época do califa Al Maamun, este tinha tamanha paixão pelo conhecimento que enviou uma carta para o rei de Roma dizendo que entre as condições necessárias para o acordo de paz estava a de ele permitir que os sábios enviados pelo califa pudessem traduzir os livros que se encontravam em seus depósitos.

4 – Maktabat Al Hikam – Fundada na Andaluzia, era uma biblioteca grandiosa. Possuía catálogos precisos com a relação de livros existentes. Possuía 400 mil tomos.

5 – Maktabat Bani Ammár – Fundada em Trípoli – possuía 180 copiadores que se revezavam noite e dia nessa tarefa e cerca de um milhão de livros.

Vejamos o que diz Gustave Le Bon a esse respeito: "Só a Espanha tinha 70 bibliotecas públicas, e a do califa Alhakam II continha em Córdoba, segundo os autores árabes, 600 mil volumes, 44 dos quais eram o catálogo dos restantes. A este respeito se fez observar que 400 anos depois Carlos, o Sábio, não conseguiu juntar na biblioteca real da França mais de 900 volumes, entre os quais só uma terça parte não tratava de teologia."[95]

Infelizmente essas bibliotecas foram destruídas devido a uma série de incursões sofridas pelos muçulmanos, entre elas podemos citar a invasão dos Tártaros a Bagdá, as cruzadas e a retomada da Espanha.

d) As Reuniões e Assembléias

O incentivo a cultura e ao conhecimento na civilização islâmica não parou nas escolas, institutos e bibliotecas. Elas se estenderam a reuniões e assembléias, onde se reuniam os maiores sábios de cada região para debaterem diversos temas. Essas assembléias foram se aprimorando com o passar do tempo. Na época dos califas probos, elas eram utilizadas para discussão de problemas referentes a nação e a administração; na época dos califas Omíadas os temas abordados eram literatura, sabedoria e poesia; na época dos califas Abássidas essas reuniões e assembléias alcançaram o seu apogeu, em especial as do califa Harun Arachid que contava com a presença de especialistas em diferentes áreas do saber, entre eles poetas, especialistas na ciência do fiqh, gramáticos, historiadores e as do califa Al Maamun, que contavam com a presença de literários, poetas, médicos e filósofos entre outros.

---

[95] Gustave Le Bon – *A Civilização Árabe*.

Os sábios que influenciaram o pensamento ocidental

Nesse ambiente que respirava cultura, graças aos ensinamentos do Islam, surgiram vários sábios em diferentes áreas do saber que exerceram grande influência no pensamento ocidental. E graças a tolerância religiosa que é característico do Islam, os não muçulmanos puderam também beber dessa fonte de saber que iluminava o mundo, até então mergulhado nas trevas da ignorância.

Na verdade, falar acerca das pessoas que se destacaram na civilização islâmica[96] e que influenciaram o pensamento ocidental exige um trabalho a parte, mas tentarei, na medida do possível, apresentar este tema de forma sucinta, sem, no entanto, sacrificar o assunto que é de fundamental importância e que no entanto, não é tão conhecido no ocidente. Vejamos algumas dessas pessoas que tornaram-se verdadeiros expoentes nas diversas áreas do saber:

1) Ibin Sina (Avicenna)

Ele é Abu Ali al Hussain bin Abdillahi bin Sina, nasceu em Bukhara, na Ásia central, no ano de 371 H (980 d.C.), faleceu no ano 428 H (1037 d.C.). Além de ser um expoente na medicina, se dedicou também a outras áreas do saber como a filosofia, a psicologia, a química, a matemática, a física, a astronomia e as ciências naturais. Entre as suas obras mais importantes podemos citar o livro *Al Kanun fi Tub* publicado em árabe no ano de 1593 em Roma. Este trabalho serviu de base no estudo da medicina nas universidades francesas e italianas do século XII ao XVII. Podemos considerá-lo como o primeiro a fazer um estudo científico acerca da medicina feminina (ginecologia) e a formação e o desenvolvimento do feto. Ele descreveu os casos de obstrução vulvar, o aborto, o inchaço do útero, a

---

[96] Entre as pessoas citadas nesse trabalho, não se encontram somente muçulmanos, temos não muçulmanos como Ibnil Kaf Annasráni, que era cristão, e também pessoas que se desviaram dos ensinamentos originais do Islam – que, conseqüentemente não podem ser encaradas como exemplos de muçulmanos já que deixaram de ser muçulmanos no momento em que valorizaram a razão em detrimento da revelação, colocando a filosofia como a origem e submetendo a revelação a esta e dando mais valor às opiniões de Aristóteles do que aos ensinamentos de Muhammad (Que a paz esteja com ele), como aconteceu, por exemplo, com Ibin Sina, Al Kindi, Al Farabi e Ikhuán Safa, que se destacaram nas diversas áreas do saber graças ao ambiente propício ao desenvolvimento intelectual e cultural proporcionado pelo sistema islâmico.

febre pós parto e explicou como o homem é o responsável pelo sexo da criança. Ele também foi o primeiro a descrever os casos de meningite, os diversos tipos de paralisia, o acidente vascular encefálico, fez estudos sobre a tuberculose, tratou da anatomia em vários capítulos do seu livro *Al Kanun fi Tub*, descrevendo com precisão a anatomia dos ossos, músculos, ligamentos, nervos, artérias, veias, coração, pulmões, rins, baço e fígado. E essas descrições, salvo alguns erros, estão de acordo com o que é ensinado nas universidades hoje. No campo da psicologia ele fez tratados acerca da alma humana e suas características, fez estudos na área da epistemologia e descrições acerca dos sentimentos, entre outros trabalhos. Era autodidata e iniciou sua carreira de médico aos 16 anos. Viajou para Bagdá que era o centro da civilização islâmica naquela época. Ibin Sina também se aventurava pela poesia e escreveu uma poesia chamada "Al Urjuzat", formada de 1.314 estrofes na qual descrevia todo o seu conhecimento em medicina e suas ramificações – essa poesia foi traduzida para o latim – ainda explicou cerca de 760 casos médicos no livro *Al Kanun fi Tub*. O trabalho deixado por Ibn Sina permaneceu influenciando os médicos de todo o mundo por cerca de mil anos. Ele também comentou Platão e Aristóteles e criou uma filosofia própria apoiada em ambos. Ibin Sina escreveu cerca de 276 livros, sendo os principais:

- *Al Kanun fi Tub* – Uma enciclopédia médica no qual abordou temas relacionados às diferentes especialidades, como a pediatria, a clínica geral, a cirurgia, a patologia, a farmacologia, a higiene, a fisiologia e terapêutica, entre outros. Este livro foi traduzido uma vez para o hebraico, e 15 vezes para o latim e a outras línguas européias no século XV, foi reeditado várias vezes até o século XVIII e foi estudado dentro de uma cadeira na Faculdade de medicina de Montpellier até o início do século XIX.
- *Kitab achifá* – Trata de muitos aspectos relacionados a psicologia, compilado em 18 tomos.
- *Al Urjuzat fi Tub* – Livro de poesia no qual ele aborda todo o seu conhecimento de medicina.

2) Ibin Nafiss

Ele é Alé Addin Abul Hassan Ali bin Abil Hazm Al Kurachi, nasceu nas redondezas de Damasco, no ano de 607 H (1219 d.C.). Estudou medicina em Damasco e se mudou em seguida para o Cairo, onde trabalhou em hospitais. Foi o primeiro a descobrir a pequena circulação, tendo se antecipado ao inglês William Her em mais de 400 anos, dedicou-se à anatomia do coração e dos olhos, tendo descrito que o olho não passa de um instrumento da visão, e que, na realidade, é o cérebro que o movimenta e delimita a visão; descreveu ainda que os olhos possuem seis músculos. Ele corrigiu idéias erradas formuladas por Galineu e Ibin Sina. Era um jurisprudente da escola chafiita de jurisprudência, tendo também se dedicado a outros ramos do conhecimento, como a filosofia, a lógica e a ciência do hadice. Faleceu no Egito no ano de 696 H (1298 d.C.).

3) Al Kindi (Alkindus)

Ele é Abu Yussef Iaakub bin Isshak bin Sabbah Al Kindi, não se sabe precisar a data e nem o local do seu nascimento, alguns dizem que ele nasceu em Kufa e outros que ele nasceu em Bassra, mudou-se para Bagdá na época dos Abássidas. Se dedicou a várias áreas do saber como medicina, psicologia, geografia, engenharia, matemática, lógica e astronomia, mas se destacou mesmo na filosofia, tendo sido apelidado de o "filósofo dos árabes e muçulmanos".

No campo da psicologia ele fez estudos acerca da alma humana e suas características, fez tratados acerca da razão humana e como ela capta os seus conhecimentos, estudou a epistemologia, fez descrições acerca do sono, dos sonhos e dos sentimentos.

4) Ibnil Kaf Anassráni

Ele é Abul Faraj bin Iaakub bin Al Kaf, nasceu na Jordânia no ano de 631 H (1232 d.C.) entre as suas principais descobertas está a especificação da quantidade de membranas que envolvem o coração e as suas funções e os orifícios pelos quais passam os vasos sanguíneos.

5) Abu Baker Arrazi (Rhazes)

Ele é Abu Baker Muhammad bin Zakaria Arrazi, nasceu no ano de 252 H (865 d.C.), na cidade de Ari, no sul de Tahran, depois, se mudou para Bagdá na época dos Abássidas. Foi um dos grandes médicos e filósofos muçulmanos. Também se dedicou a outras áreas do saber, como a psicologia, a engenharia, a física, a astronomia, a química e a matemática. Escreveu cerca de 224 livros, sendo mais da metade em medicina, e esses se tornaram por muito tempo as principais fontes para os médicos europeus. Os seus ensinamentos tiveram grande peso até o século XVII. Os seus livros foram traduzidos para o latim, o inglês, o francês e o grego. Assumiu a direção do hospital Bimarisstán na cidade de Ari na Pérsia e depois foi diretor do hospital Al Adadi em Bagdá. Exerceu a função de médico por aproximadamente 50 anos. Ele costumava testar os seus remédios em animais como macacos e só depois os utilizava nos seus pacientes. Ele tinha o hábito de anotar o desenvolvimento dos pacientes com as respectivas datas. Fazia uso dos exames de sangue, fezes e urina. No campo da psicologia, ele estudou a alma humana e suas características e estudou os sentimentos. Foi o primeiro a perceber o efeito positivo do acompanhamento psicológico no tratamento médico. Faleceu no ano de 313 H (925 d.C.). Entre os seus principais livros está, *Kitab Al Háui Fi Ilm Atadáui* compilado em 30 tomos.

6) Ali ibin Abáss al Ahuazi (Al Majussi)

Ele é Abul Hassan Ali bin Abáss Al Ahuazi. Foi um dos médicos mais famosos do quarto século da Hégira, nasceu no Irã, era masdeísta tendo mais tarde abraçado o Islam. Relata-se que talvez ele tenha sido o primeiro médico muçulmano a ser conhecido na Europa, tendo os seus livros sido a base para o estudo da medicina no mundo até o aparecimento do livro *Al Kánun fi Tub* de Ibin Sina. Além de fazer uso da teoria no tratamento de seus pacientes, ele também se utilizava das observações. Foi o primeiro a apontar o fato de que o sangue circula nos capilares. Escreveu o livro *Al Kámil fil Sanáati Tibia* formado de 20 tomos.

7) Al Biruni

Ele é Abu Raihan Muhammad Al Biruni, nascido na Pérsia. Foi contemporâneo de Ibin Sina. Dominava vários idiomas, entre eles o árabe, o hebreu, o persa, o sânscrito e o turco. Costumava viajar na companhia do governante Ghazanavida Mahmud e por onde passava se esforçava em aprender o idioma, a história e a ciência local. Al Biruni foi um grande cientista, tendo se destacado no campo da astronomia, na geografia, na física e foi o primeiro a considerar a trigonometria como um ramo distinto da matemática. Um dos seus trabalhos mais conhecido é o livro *Kitabul Hind* (Livro da Índia).

8) Al Khuarizmi (Algorizm)

Ele é Abu Jaafar Muhammad Ibin Musa Al Khuarizmi. Nasceu em Khuarizm, atual Uzbequistão. Se destacou em várias áreas do saber, entre elas a geografia, a astronomia e a matemática. Ficou conhecido por introduzir o uso dos números indo-árabicos que ficaram conhecidos como algarismos, termo derivado de seu nome em latim. Foi o primeiro a utilizar o zero. O seu trabalho mais famoso foi o livro *Kitab Al Jaber ua Al Mukabilah,* que se tornou a primeira referência nesta matéria nas universidades européias até o século XVI, tendo sido traduzida para o latim.

9) Ibin Khaldun

Ele é Abd Rahman Ibin Khaldun. Nascido em Túnis, destacou-se na sociologia e na história, tendo sido considerado como o fundador da moderna sociologia e filosofia da história. O seu trabalho mais famoso foi o livro *Mukadimah* (Prolegômenos).

10) Al Farabi (Al-Pharabius)

Ele é Abu Nassr Muhammad Ibin Muhammad Ibin Tarkhán Ibin Uzalagh, nasceu na cidade de Faráb, no Turquestão, no ano de 259 H (872 / 873 d.C). Atuou como juiz na sua terra natal até os 40 anos, quando decidiu então abandonar a profissão, para se dedicar ao estudo da filosofia. Destacou-se também na música, na matemática, na psicologia, na medicina e na química. Na psicologia, fez estudos acerca da alma humana e suas características, estudou a epistemologia e fez tratados acerca dos sonhos e suas causas. Se dedicou a explicar os trabalhos de Aristóteles por quem foi muito influenciado em seus estudos.

11) Ibin Masskuir

Ele é Ahmad Ibin Muhammad Ibin Iakub, nasceu no ano de 320 H. Foi contemporâneo de Ibin Sina. Se destacou em diversas áreas do saber, entre elas a medicina, a história, a ética e a psicologia. Sofreu grande influência da filosofia grega em seus estudos. Na área da psicologia, fez estudos acerca da alma e suas características, estudou a epistemologia e fez estudos sobre as causas e o tratamento das psicopatologias.

12) Ibin Hazm

Ele é Abu Muhammad Ali Ibin Ahmad Ibin Saíd Ibin Hazm. Nasceu na cidade de Córdoba no último dia do mês de Ramadan no ano de 384 H (994 d.C.). Entre outras áreas do saber, dedicou-se à psicologia, na qual fez estudos sobre a alma e suas características, sobre os sonhos e as visões, sobre a epistemologia e foi autor do primeiro tratado acerca do amor entitulado *Tauqil Hamama* (O Colar da Pomba) no qual define o amor, descreve os tipos de amor existentes, trata dos diferentes graus de amor, dos sinais do amor, fala do amor à primeira vista e descreve as formas de se expressar o amor, entre outros assuntos ligados a esse tema. Esse livro foi traduzido para vários idiomas, entre eles o francês, o alemão e o espanhol.

13) Al Ghazali (Algazel)

Ele é Abu Hamid Muhammad Ibin Muhammad Al Ghazali, nasceu no ano 450 H (1058 d.C.). Além de ser um grande conhecedor das ciências islâmicas, destacou-se também na psicologia e na filosofia. Dentro da psicologia, fez estudos acerca da alma e suas características, da motivação, dos sentimentos, dos sonhos, das visões, da saúde psicológica e da epistemologia.

14) Ibin Ruchd (Averroes)

Ele é Abul Ualid Muhammad Ibin Ahmad Ibin Muhammad Ibin Ruchd. Nasceu em Córdoba no ano 520 H (1126 d.C.). Tinha um grande conhecimento das ciências islâmicas, da filosofia, da psicologia, da medicina e da matemática. Trabalhou como juiz em Córdoba. Na psicologia fez estudos sobre a epistemologia e sobre a alma e suas características.

15) Fakhr Addin Arrazi

Ele é Abu Abdallah Muhammad Ibin Omar Ibin Al Hussein Ibin Al Hassan Ibin Ali Attaimi Al Bakri. Nasceu no ano 544 H (1150 d.C.). Era um grande conhecedor das ciências islâmicas, se destacou também na medicina e na psicologia. Na psicologia, fez estudos acerca da natureza da alma, das diferenças individuais, da relação entre o prazer e a dor, dos sentimentos, da relação entre a forma física e as características psicológicas e fez estudos na parapsicologia.

16) Ibin Taimya

Ele é Ahmad Taki Al Din Ibin Taimya. Nasceu na cidade de Haran no Iraque no ano de 661 H (depois da Hégira) e imigrou com a sua família para Damasco na Síria quando houve a invasão dos tártaros. Vindo de uma família de sábios, iniciou-se cedo na busca do conhecimento. Era possuidor de uma inteligência invejável. Começou a ministrar aulas no ano de 683 H quando tinha 22 anos. Fez estudos na área de filosofia e psicologia. Fez estudos acerca da alma e suas características, das necessidades e motivações, da percepção, da relação do amor com a motivação, do comportamento exterior e do oculto, da felicidade, da tranqüilidade psicológica e da psicopatologia.

17) Ibin Al Kaiim

Ele é Muhammad Ibin Abi Baker Ibin Ayub Ibin Saad Ibin Hariz Azarai Adimachqui. Nasceu no ano 691 H (1292 d.C) na cidade de Damasco na Síria. Tinha um grande conhecimento das ciências islâmicas, foi aluno de Ibin Taimya. Tinha conhecimento de medicina e psicologia. Fez estudos acerca da realidade da alma, das necessidades e motivações, dos sentidos e da percepção, dos sentimentos e emoções, da relação entre a dor e o prazer, do desenvolvimento e da psicopatologia.

O testemunho dos não muçulmanos

As contribuições feitas pelos muçulmanos nas diversas áreas do saber foram profundas, apesar de serem lembradas de forma superficial, quase que na tentativa de encobrir tais contribuições. Mas os verdadeiros pesquisadores não conseguem omitir esse fato da história da humanidade, tamanha a sua grandeza e o seu valor e acabam se rendendo diante dos fatos. Vejamos alguns desses testemunhos:

PAUL LUNDE: *SCIENCE IN AL-ANDALUS*

"A cultura islâmica era eminentemente uma cultura do livro... No nono século, a biblioteca do monastério de St. Gall era a maior da Europa. Ostentou 36 volumes. Ao mesmo tempo, a de Córdoba conteve 500 mil (...) Levou muito mais que simplesmente papel para criar uma cultura intelectual e científica assim como aquela da Espanha islâmica. O islam com a sua tolerância e encorajamento à aprendizagem secular, bem como a religiosa, criou o clima necessário para a troca de idéias... Estima-se que hoje há 250 mil manuscritos árabes em bibliotecas ocidentais e orientais, incluindo as coleções privadas. Ainda no Século X existiram bibliotecas privadas que continham aproximadamente 500 mil livros. Literalmente milhões de livros devem ter perecido, e com eles as realizações de grandes estudiosos e cientistas, cujos livros, caso houvessem sobrevivido, poderiam ter mudado o curso da história. Da mesma forma hoje, só uma proporção minúscula de textos científicos árabes existentes foi estudado e levará anos para formar uma idéia mais exata das contribuições de cientistas muçulmanos à história de idéias... A grande contribuição dos árabes, foi colocar o estudo da medicina sobre um fundamento científico e eliminar as superstições e as práticas populares que eram prejudiciais. A medicina foi considerada uma chamada altamente técnica, requerendo um estudo e um treinamento longo. Os códigos elaborados, foram formulados para regular a conduta profissional dos doutores. Não era suficiente ter a maestria em um assunto, para poder praticar a medicina. Determinadas qualidades morais eram imperativas. Ibn Hazm disse, que um doutor deve ser amável, compreensivo, amigável, bom, capaz de resistir a insultos e a críticas adversas;

deve manter seu cabelo curto, e suas unhas também; deve vestir roupas limpas e brancas e comportar-se com dignidade."

PIERCE BUTLER, EM *FIFTEENTH CENTURY OF ARABIC AUTHORS IN LATIN TRANSLATION*, IN *THE McDONALD PRESENTATION VOLUME*. FREEPORT, NEW YORK,1933; p. 63

"Nenhum estudante da história da cultura da Europa ocidental, poderá reconstruir para si os valores intelectuais do final da idade média, a não ser que possua um vívido conhecimento acerca da gigantesca experiência islâmica."

GEORGE SARTON EM *A INTRODUÇÃO À HISTÓRIA DA CIÊNCIA*

"Durante o reino do califa Al Maamun (813-33 A.D.), o novo conhecimento alcançou o seu clímax. O monarca criou em Bagdá a escola regular para traduções. Esta, era equipada com uma biblioteca, cujo um dos seus tradutores era Hunain Ibin Iss'haq (809-77), um notável e talentoso filósofo e físico de vasta erudição, figura dominante entre os tradutores deste século. Nós sabemos através da sua autobiografia recém publicada que ele traduziu praticamente a totalidade da coleção de escritos de Galênico."

"Na matemática grega, os números podem expandir somente com o laborioso processo de adição e multiplicação. Os simbolos algébricos de Khuarizmi para números contém em si o potencial de infinito. Então nós podemos dizer que o avanço da aritmética para álgebra implicou num degrau para o começo da transformação do universo grego para a vida do universo islâmico. A importância da álgebra de Khuarizmi é reconhecida no século XII, pelo ocidente, – quando Girard de Cremona traduziu as suas teses para o latim. No decorrer do século XVI esta versão era utilizada nas universidades da Europa, como o principal livro texto de matemática. Mas a influência de Khuarizmi, se extendeu além das universidades. Nós encontramo-la refletida nos trabalhos matemáticos de Leonardo Fibinacci de Pisa, Mestre Jacob de Florença e também em Leonardo Da Vinci."

"O peso da venerável autoridade, por exemplo como a de Ptolomeu, raramente os intimidava. Eles estavam sempre ávidos a pôr a teoria à prova, e eles nunca se cansavam de experimentar. Ainda que motivados e permeados com o espírito da sua religião, eles não permitiam que os dogmas interpretados pelos ortodoxos parassem a frente das suas descobertas científicas."

DE LACY O'LEARY EM *ARABIC THOUGHT IN HISTORY*

"O material grego recebido pelos árabes, não foi simplesmente passado por eles a outros que os sucederam. Houve uma real reavivada e desenvolvimento no meio árabe. Na astronomia e na matemática, o trabalho dos cientistas gregos e hindus foram classificados, ocorrendo em seguida um verdadeiro avanço. Os árabes não só ampliaram o que eles haviam recebido dos gregos, mas eles checaram e corrigiram antigos registros."

F. G. ALFALO EM *REGUILDING THE CRESCENT*

"O seu (Al-Khuarizmi) trabalho em aritmética e álgebra foi traduzido para o latim com o nome de *Algorithm* (que virou algarismo). O seu nome deu origem a palavra logarítimo.

JOSEPH HELL EM *ARAB CIVILIZATION*

"Na trigonometria, a teoria do seno, coseno e tangente é herança dos árabes. A brilhante época de Peurbach, de Regiomontanus, de Copérnico, não pode ser relembrada sem nos reportar aos fundamentos e ao trabalho preparatório do matemático árabe (Al-Battani, 858-929 a.D.)

JOHN WILLIAM DRAPER EM *INTELLECTUAL DEVELOPMENT OF EUROPE*

"Eu tenho de lamentar a maneira sistemática em que a literatura européia continua a pôr de lado nossa obrigação para com os maometanos. Certamente eles não podem mais serem ocultos. Essas injustiças alicerçadas em rancores religiosos e conceitos nacionalistas não podem se perpetuar para sempre. Os árabes deixaram suas impressões intelectuais na Europa. Elas foram invariavelmente escritas nos céus, de maneira que qualquer um pode observar, como quem lê os nomes das estrelas num globo celestial."

HENRY SMITH WILLIAMS EM *STORY OF SCIENCE*, VOL. 2"

"No nono e décimo século, a cidade árabe de Córdoba, na Espanha, era outro importante centro científico influente. Havia lá uma biblioteca com centenas de milhares de volumes, e uma universidade onde matemática e astronomia eram ensinadas. Granada, Toledo e Salamanca eram outros importantes centros, nos quais muitos estudantes provenientes da Europa Ocidental estudavam. Era a proximidade com estes centros árabes que estimulava os interesses científicos de Alfonso X de Castela, que em sua homenagem, foram construídas as mesas alfonsinas (...) Outro personagem oriundo da nobreza européia influenciado pelos árabes, foi Frederico II da Sicília a "Maravilha do mundo como era chamado por seus contemporâneos". O "Almagesto", o grande tratado ptolomaico foi traduzido para o latim em seu reinado, sendo introduzido no mundo ocidental através de um fato curioso: Naquele tempo se tornou muito comum para os acadêmicos italianos e espanhóis entenderem o árabe enquanto eram totalmente ignorantes no que tange ao idioma grego. No campo da física um dos mais importantes cientistas foi o árabe Alhazen. Seus trabalhos publicados aproximadamente em 1100 d.C tiveram grande impacto no período medieval."

"A educação dos árabes levava a natural associação entre medicina e ciências naturais, estas, com religião. De fato, de um árabe era esperado que fosse igualmente escolado em filosofia, jurisprudência, teologia, matemática e medicina. E que a prática das mesmas fosse também exercida com habilidade."

JOSTEIN GAARDER EM *O MUNDO DE SOFIA*

"Durante a Idade Média, os árabes foram os líderes em ciências tais como matemática, química, astronomia e medicina. Até hoje empregamos os 'algarismos arábicos', por exemplo. Em alguns campos, a cultura árabe era mesmo superior à cristã."

As causas da estagnação dos muçulmanos

"Uma grande civilização não pode ser conquistada até que tenha se destruído por dentro."

W. Durant

Vários foram os motivos que levaram os muçulmanos à estagnação. Vamos apresentar os principais fatores que determinaram essa estagnação.

O principal fator desencadeador do atraso no qual os muçulmanos se encontram, tanto no campo cultural, como no campo econômico, político e social, é o afastamento que se deu entre os muçulmanos e a prática do Islam, pois, como vimos anteriormente, essa civilização só alcançou a glória no momento em que incorporou o Islam de forma plena a sua vida. disse Omar: "Nós éramos o mais humilhado dos povos, então *Allah* nos dignificou com o Islam, e toda vez que buscarmos a dignidade em outro, que não no que *Allah* nos dignificou com ele, *Allah* nos humilhará".

Esse afastamento teve início na época dos omíadas, e pode ser resumido em quatro pontos principais, são eles:

1 – A incorporação da monarquia hereditária como forma de governo.

2 – O paulatino afastamento do exercício de fiscalização das ações dos governantes por parte da nação, que foi em grande parte decorrente da forma dura com a qual os omíadas lidavam com os seus adversários políticos.

3 – O desperdício dos bens da Casa da Moeda islâmica.

4 – O apego ao arabismo[97].

Mas apesar desse afastamento parcial, a sociedade, na sua grande maioria, continuava apegada ao Islam. Tendo em vista que esse desvio se limitava a capi-

---

[97] Movimento que instigava o sentimento de superioridade dos árabes. Esse tipo de discurso segregacionista, é tão prejudicial a unidade da Umma (nação) que o profeta (que as bençãos e a paz de *Allah* estejam sobre ele) em seu sermão de despedida fez questão de enfatizar que não há superioridade de um árabe sobre um não árabe, ao dizer "não há diferença entre um árabe e um não árabe".

tal. Em seguida vieram os abássidas, que além de manterem os desvios dos omíadas, só que em maior escala, acrescentaram novos desvios.

Os omíadas, mesmo tendo como forma de governo a monarquia hereditária, preocupavam-se sempre em escolher o mais apto para exercer o governo, já os abássidas incorporaram a monarquia hereditária de forma plena, não importando se quem fosse assumir o governo era apto ou não, ou se tinha idade para assumir tal responsabilidade ou não. Na forma de se relacionar com os adversários políticos, a dureza omíada se transformou em verdadeiros massacres nas mãos dos abássidas.

O desperdício dos bens públicos aumentaram de forma escandalosa, a ponto dos governantes abássidas ordenarem que se pagasse uma fortuna aos poetas que elogiavam-nos em seus poemas, com o dinheiro da casa da moeda.

Entre os novos desvios podemos mencionar o surgimento de seitas que em grande parte foram influenciadas pela filosofia grega, dando à razão um lugar que não lhe é de direito, priorizando-a como instrumento de obtenção do conhecimento. Com isso eles poluíram a crença pura com uma série de idéias que nada tem a ver com o Islam. Entre as idéias mais danosas, está a de que a crença nada tem haver com a prática[98], que basta a pessoa aceitar que não há outra divindade além de *Allah* e essa crença se firmar no coração, para que a pessoa esteja a salva.

Outro desvio foi o esbanjamento de dinheiro decorrente da riqueza excessiva que agora fazia parte da vida dos governantes. O luxo e a riqueza passaram a ter

---

[98] A prática é parte integrante da fé dentro da concepção islâmica, uma não pode ser separada da outra. O *Alcorão* é claro a esse respeito, tanto é, que toda vez que *Allah* menciona a fé Ele menciona a prática junto: Diz *Allah*, o Altíssimo **"Por outra os que crêem e praticam o bem, terão como morada os jardins do paraíso. Onde morarão eternamente e não desejarão mudar de sorte"** (18:107 e 108); "Só são crentes aqueles cujos corações, quando lhes é mencionado o nome de *Allah*, estremecem e, quando lhes são recitadas as Suas ayát, é lhes aumentada a fé, e se encomendam ao seu Senhor. Aqueles que observam a oração e fazem caridade com aquilo com que os agraciamos. Estes são os verdadeiros crentes, que terão graus de honra junto ao seu Senhor, indulgências e um magnífico sustento" (8:2 à 4); e diz ainda: **"E não lhes foi ordenado a não ser que adorassem sinceramente à *Allah*."** (98:5). Disse o profeta (Que a paz esteja com ele) "Quem de vocês presenciar um erro, que o modifique com as mãos, caso não tenha condições que o modifique com a língua, e caso não tenha condições que o modifique com o coração (repudiando tal ato) e essa é a fé mais fraca." (relatado por Musslim) e "A fé possui setenta e poucas partes, a mais alta é não há divindade além de *Allah* e a mais baixa é a retirada dos obstáculos do caminho das pessoas." (relatado por Bukhari e por Musslim).

grande importância em suas vidas: **"Aos homens foi abrilhantado o amor aos prazeres relacionado às mulheres, aos filhos, ao entesouramento do ouro e da prata, aos cavalos de raça, ao gado e às sementeiras. Tal é o gozo da vida terrena, porém, a bem-aventurança está ao lado de *Allah*."** (3:14). As festas varavam a noite, como conseqüência as pessoas começaram a se esquecer das suas obrigações perante *Allah*, se dedicando cada vez mais à satisfação dos desejos, buscando desenfreadamente os prazeres da vida. O divertimento que tomou conta dos palácios dos governantes na capital Bagdá estendeu-se aos palácios dos ricos e, em seguida, espalhou-se por toda a capital, e, mais tarde por outras regiões. Ainda assim, a sociedade vivia de acordo com os ensinamentos do Islam.

Outro desvio foi o surgimento do sufismo. Esse movimento originou-se como uma reação à situação de entrega aos prazeres, esbanjamento e luxo que havia dominado a sociedade abássida. Na tentativa de salvar-se, eles isolaram-se em busca de uma vida pura. Esse movimento incorporou muito do judaísmo, do cristianismo, do masdeísmo e do hinduísmo à sua crença.

O sufismo, apesar de pregar a purificação do nafs[99], a recordação da vida após a morte, o autocontrole para não se entregar única e exclusivamente à satisfação dos prazeres, que são ensinamentos genuinamente islâmicos, também prega o abandono dessa vida[100], o abandono dos problemas que afetam a sociedade através de uma vida reclusa[101] para assim alcançar a elevação espiritual, o tauákul; ou seja; a entrega de todos os assuntos na mão de Allah; sem que no entanto

---

[99] O nafs é uma subdivisão da alma na qual se encontra a essência da personalidade, a morada das emoções e dos sentimentos e a fonte da motivação.

[100] O Islam afirma que o homem foi criado a fim de construir nessa vida, e essa busca do desenvolvimento é parte da função de khalifa (vice-gerente) com a qual *Allah* designou o homem, diz *Allah*, o Altíssimo: **"E quando *Allah* disse aos anjos: Eu colocarei um Khalifa na terra."** (2:30) e **"E apresentamos a responsabilidade aos céus, à terra e às montanhas que se negaram a carregá-la, e o homem a carregou"** (33:72).

[101] Ao abandonar os problemas que afligem a sociedade, em busca de um desenvolvimento espiritual, eles abandonaram a recomendação da prática do bem e a proibição da prática do mal, que é uma das obrigações que recaem sob os muçulmanos e que fez dessa a melhor nação já surgida. Diz *Allah*, o Altíssimo: **"Sois a melhor nação que surgiu na humanidade, porque recomendais o bem, proibis o mal e credes em *Allah*."** (3:110) e disse **"E que surja de vós uma nação que recomende o bem e proíba o mal. Esta será uma (nação) bem-aventurada."** (3:104) Disse o profeta (Que a paz esteja com ele): "Quem de vocês presenciar um erro, que o modifique com as mãos, caso não tenha condições que o modifique com a língua e caso não tenha condições que o modifique com o coração (repudiando tal ato) e essa é a fé mais fraca" (relatado por Musslim). Disse: "A fé possui setenta e poucas partes, a mais alta é não há divindade além de *Allah* e a mais baixa é a retirada dos obstáculos do caminho das pessoas." (relatado por Bukhari e por Musslim).

façam por onde para obter o resultado[102], eles abandonam a construção da vida na terra afirmando que esta vida é amaldiçoada e que a vida após a morte é que deve ser construída[103], eles elevam a posição do cheikh (orientador espiritual) até transformá-lo em um intermediário, um elo de ligação entre o pretendente[104] e *Allah*[105].

Cabe aqui salientar que na história do sufismo houve aqueles que se mantiveram apegados ao *Alcorão*, à Sunna e à recomendação da prática do bem e a proibição da prática do ilícito, só que estes foram minoria.

As conseqüências de todos esses desvios se traduziram na queda do império abássida nas mãos dos tártaros e a Andaluzia na mão dos cruzados.

Apesar de todo o desvio, a crença ainda estava enraizada nos corações, só precisava de alguém para reavivá-la, eis aí que surge Saláh Addin Al Ayubi (Saladino), conclamando as pessoas a retornarem a *Allah*, reacendendo a chama que se encontrava adormecida, como conseqüência, os muçulmanos derrotaram os cruzados no Egito e em Damasco e derrotaram os tártaros na batalha de Ain Jalut. Os tártaros, que até então eram inimigos ferrenhos dos muçulmanos, abraçaram o Islam e se tornaram os seus mais ardentes defensores.

O império abássida declinou por causa dos seus desvios: **"Qual! Quando sofreis um revés do adversário, embora inflijais outro duas vezes maior, dizeis: 'Donde nos provém isto?' Responde-lhes: 'De vós mesmos. Sabei que *Allah* é**

---

[102] O Islam prega o tauakul que é você fazer por onde afim de obter os resultados desejados e ao mesmo tempo entregar o assunto nas mãos de *Allah*, narra-se que um homem se dirigiu ao profeta (Que a paz esteja com ele) e lhe perguntou se ele deveria amarrar o seu camelo antes de entrar na mesquita para fazer a oração ou se deixava o camelo solto entregando-o na mão de *Allah*, ao que o profeta respondeu: "Amarre-o e entregue-o na mão de *Allah*" (relatado por Ahmad e Tirmizi). Ao contrário do tauákul pregado pelo sufismo.

[103] A construção dessa vida é parte fundamental da função de khilafa para qual o homem foi criado. Vide nota 100.

[104] Aquele que está sendo inicializado no sufismo.

[105] O Islam veio com a mensagem do Tauhid (monoteísmo) do qual deriva toda a estrutura do sistema islâmico de vida. E desde o início da revelação o correto entendimento acerca do Tauhid foi uma prioridade. O Islam veio e aboliu a idéia de que existam intermediários entre os homens e *Allah*, crença essa que era muito arraigada na época da jahilia (ignorância) e que foi severamente criticada por *Allah*. Diz *Allah*, o Altíssimo: **"Aqueles que invocais além d'Ele não podem socorrer-vos, nem socorrer a si mesmos"** (7:197). Diz: **"Tornou a perguntar: Acaso vos ouvem, quando os invocais? Ou, por outra, podem beneficiar-vos ou prejudicar-vos?"** (26:72 e 73) e diz ainda, **"Dize-lhes: Não reparais nas divindades que invocais em vez de *Allah*? Mostrai-me o que criaram na terra! Acaso, participaram dos céus? Ou então lhes concedemos algum Livro, no qual pudessem basear-se? Qual! Os iníquos não prometem, mutuamente, mais do que ilusões"** (35:40). Ele mostrou que a relação existente entre o homem e seu Criador é uma relação direta.

Onipotente." (3:165), mais a nação islâmica ainda tinha muito de bom a oferecer. Então, eis que surge o império otomano com toda a sua força, só que este trouxe com ele alguns dos erros que se encontravam na nação muçulmana.

Esse foi o primeiro Estado Islâmico governado por não árabes. O governante permanecia no poder um período determinado, entre dois e três anos, criando assim uma rotatividade que não permitia a implementação de um plano de governo. Como conseqüência dessa rotatividade, os governantes se dedicavam mais a garantir o seu futuro do que a garantir o futuro da população.

O povo continuava a não exercer a sua função de fiscalizar o governo. Mas em relação a prática do Islam (excluindo-se é claro tudo o que tinha relação com a política) estava em melhor situação que no final do império abássida.

O sufismo que se espalhou no império abássida, vivendo à margem da sociedade, no império otomano se tornou a própria sociedade, conseqüentemente uma série de mitos e superstições relacionados aos macháikh (orientadores espirituais) se espalharam e passaram a ser vistos como sendo a religião e a idéia de que a crença não necessita da prática; complementou ainda o trabalho de afastar as pessoas do entendimento correto da religião, transformando a prática religiosa num costume sem o seu verdadeiro espírito. No século IX a porta do ijtihad[106] foi fechada, como conseqüência a estagnação tomou conta dessa sociedade abafando assim o espírito empreendedor que lhe era característico. E é assim que a sociedade islâmica entra num coma profundo.

Os otomanos mergulharam no ócio, a decadência moral se espalhou, o luxo e a pompa tomaram conta dos seus corações, os governantes se tornaram tiranos e corruptos, tudo isso, acrescido da estagnação mental, levaram o império otomano ao declínio. Com tudo isso, a maioria dos muçulmanos se mantinha fiel aos seus princípios.

Com a queda do império otomano em 1924 e com os muçulmanos enfraquecidos, estes foram presas fáceis para a colonização européia que os dividiu, transformando uma única nação em 44 países, procurando assim de todas as formas, eliminar o Islam de cena. E para isso, deram início a uma campanha de mudança no sistema educacional, afastando dessa forma, o sistema islâmico, que trazia consigo todos os seus valores e adotando em seu lugar, um sistema educa-

---

[106] Exercício da razão em busca de soluções para novos problemas que surgem com o passar dos tempos.

cional com padrões culturais e morais completamente estranhos aos muçulmanos, a mídia foi utilizada com o intuito de fazer com que as pessoas enxergassem o sistema de vida ocidental, como o modo de vida ideal.

Com a saída dos colonizadores, estes deixaram no seu lugar líderes que andavam conforme a sua cartilha, e que implementaram regimes de governo outros que não o islâmico, fazendo com que essa tentativa de afastamento das pessoas permanecesse até os nossos dias.

Só que graças a *Allah*, eles foram infelizes nessa tentativa, eis que surge um despertar dos muçulmanos, fenômeno esse presenciado atualmente, e que se deve a uma série de fatores, podemos mencionar dois fatores dentre os principais, o primeiro, seria o fracasso dos sistemas de governo e escolas de pensamentos importados, que só aumentaram o atraso e impediram o desenvolvimento das nações de maioria muçulmana, fazendo com que a população se conscientizasse, de que somente a aplicação do sistema islâmico seria capaz de restituir o poder de crescimento e de desenvolvimento que é característico desse método e o segundo, seria o resultado de uma série de movimentos islâmicos organizados por pessoas sinceras nos seus propósitos e que objetivavam restabelecer o Islam como sistema completo de vida confirmando assim, o seguinte hadice "Em verdade *Allah* manda para essa nação a cada cem anos pessoas que renovam para ela o seu din"[107]. E esta é uma boa nova, uma demonstração de que por mais que tentem apagar a chama da verdade esse esforço será em vão, diz *Allah*, o Altíssimo: **"Desejam apagar a luz de *Allah* com suas bocas, mas *Allah* aperfeiçoará a Sua luz, ainda que isso desgoste os incrédulos"** (9:32).

Este foi um apanhado dos acontecimentos que levaram os muçulmanos ao estado de estagnação no qual eles se encontram.

---

[107] Relatado por Abu Daúd, Hákim, Tabaráni e foi confirmado pelo Albani.

Conclusão

Podemos concluir do que foi exposto que a necessidade da revelação como fonte de conhecimento é confirmada pela razão e pela fitra[108], e que ela só cumpre com o seu verdadeiro papel quando preservada e posta em prática. A partir do momento que se conclui através de uma análise, a veracidade da revelação e a sua preservação, ela deve servir, então, como fonte primeira de conhecimento e de parâmetro de análise dos conhecimentos obtidos através da razão e dos sentidos, pois é a fonte mais fidedigna. **"Os sábios dizem: Cremos nele (o *Alcorão*); tudo emana do nosso Senhor. Mas ninguém o admite, salvo os sensatos"** (3:7). Disse Ibin Hazm: "É necessário a quem busca a verdade, ouvir todas as opiniões com seus argumentos. E se em seguida se evidenciar a prova, torna-se necessário a ele se curvar e se voltar a ela, senão será um transgressor. E a evidência não pode ser contestada por outra evidência, pois a verdade não pode ser duas coisas contraditórias, racionalmente, Isso não é possível. E a verdade é evidenciada nas seitas e religiões através da razão e das provas voltadas aos sentidos e as necessidades."

Foi graças a essa orientação divina que os muçulmanos conseguiram se tornar verdadeiros expoentes em todos os ramos da ciência, numa época em que o Ocidente se encontrava mergulhado nas trevas. Como conseqüência trouxeram ao Ocidente toda a bagagem de conhecimento adquiridos desde o início do Islam que se estendiam desde o conhecimento do sistema de vida islâmico, medicina, matemática, filosofia, astronomia, passando pela sociologia, entre outras tantas ramificações do saber. Trouxeram luz onde só havia escuridão, e essa bagagem cultural serviu de alicerce para o renascimento e para o desenvolvimento das ciências naturais.

Mas, como conseqüência do paulatino afastamento que se deu entre os muçulmanos e o entendimento e as práticas do Islam, esses acabaram se estagnando em todos os aspectos do conhecimento.

E o Ocidente, tomando como ponto de partida os alicerces deixados pelos muçulmanos, se desenvolveu em diversos ramos do saber, só que foi um desenvolvimento amputado, deformado, incompleto, pois devido aos fatores que já foram explicados anteriormente ele se afastou do conhecimento da revelação, que

---

[108] É o conhecimento e o estado que são inatos ao ser humano.

como mostramos é um referencial indispensável para quem busca alcançar um conhecimento puro e verdadeiro. Afinal, como dizem as máximas islâmicas: "Não há contradição entre o relato verídico e o lógico claro" e "O *Alcorão* é o Livro de *Allah* recitado, e o universo é o livro de *Allah* percebido, observado". "Não existe então nenhum motivo para o afastamento do Islam em relação a sociedade, nem no que se refere aos seus aspectos particulares, nem no que se refere aos acontecimentos históricos, como os motivos que acompanharam o cristianismo na Europa, que conseqüentemente separou o mundo da religião, destinando à religião a correção da consciência e a purificação do corpo, e destinando às leis humanas a função de regulamentar a sociedade e a de direcionar a vida."[109]

Cabe salientar, que estender o resultado da experiência vivenciada na civilização ocidental, regida pela igreja à civilização islâmica, se revela um grande absurdo, pois existe uma diferença gritante entre ambas, diferença que remonta à origem das mesmas. Pois, como vimos no decorrer desse trabalho, a civilização islâmica só surgiu e se desenvolveu graças à revelação, conseqüentemente essa é uma civilização de origem divina, é uma civilização movida pela fé, uma civilização que considera o conhecimento como parte da religião e a religião como parte do conhecimento. Essa civilização não conhece a separação entre a ciência e a religião, em contrapartida o Ocidente só começou o seu desenvolvimento no momento em que se desvencilhou do poder da Igreja e da influência da revelação que se encontrava deturpada e que, por isso, aprisionou os seus seguidores na ignorância.

Cabe a nós muçulmanos trabalharmos a fim de fazer com que a civilização islâmica volte a iluminar o mundo.

---

[109] Kutub, Saiid. *Al Adálatul Ijtimaíiati Fil Isslam*.

Apêndice

Fotos de um exemplar do *Alcorão* da época do terceiro califa Othman Ibin Afán guardado num museu do Cairo no Egito.

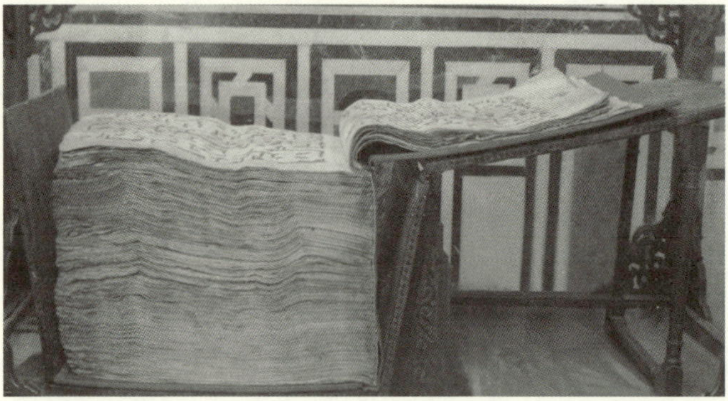

Bibliografia

Em Árabe:

– **Al Kuran Al Karim**.

– **Abdil Ál**, Muhammad Kutub. *Nazarát Fi Kissass Al Kur'án*. Meca: Rabitat Al Alam Al Isslámi, 1986.

– **Abu Sulaimán**, Abd Al Hamíd Ahmad. *Azamat Al Akl Al Musslim*. Virginia: Al Maahad Al Álami Lil Fikril Isslámi, 1994.

– **Acharif**, Adnán. *Min Ilm Annafss Al Kur'áni*. Beirute: Dar Al Ilm Lil Malaiin, 1993.

– **Adass**, Muhammad Abd Arahim. *Min Khassaiss Annafss Al Bacharia Fil Kur'án Al Karim*. Jordânia: Maktaba Al Manár, 1985.

– **Al Achcar**, Muhammad. *Al Uadih Fi Ussul Al Fiqh*. Kuwait: Adar Assalafia.

– **Al Aluáni**, Taha Jáber. *Al Azamat Al Fikriia Al Muássara*. Virginia: Al Maahad Al Álami Lil Fikril Isslámi, 1994.

– **Al Bar**, Muhammad ali, e **Assibái**, Zuhair Ahmad. *Attabib Al Musslim Adabuhu Ua Fiqhuhu*. Damasco: Dar Al Kalam, 1993.

– **Al Butti**, Muhammad Saíd Ramadan. *Kubra Al Iákiniát Al Kaunía*. Damasco: Dar Al Fikr, 1993.

_____. *Fiqh Assirat Annabauía*. Damasco: Dar Al Fikr, 1991.

– **Al Ghazali**, Muhammad. *Kaifa Nataamal maa Al Kur'án*. Herndon, Virginia: The International Institute of Islamic Thought, 1991.

_____. *Al Mahauir Al Khamssa Lil Kur'án Al Karim*. Cairo: Dar Assahua Lil Nashr, 1989.

– **Al Karadawi**, Yussef. *Al Akl Ual Ilm Fil Kur'án Al Karim*. Cairo: Maktabah Uahba, 1996.

_____. *Thakáfatul Dáia*. Beirute: Muassassa Arissála, 1991.

_____. *Al Marjaíatil Ulia Fil Isslam Lil Kur'án Ua Sunna*. Cairo: Maktabah Uahba, 1992.

_____. *Kaifa Nataamal Maa Assunna Annabauia*. Virginia: Al Maahad Al Álami Lil Fikril Isslámi, 1990.

_____. *Al Madkhal Li Dirássat Assunna Annabauia*. Cairo: Maktabah Uahba, 1992.

_____. *Arassul Ual Ilm*. Beirute: Muassassa Arissála, 1991.

– **Al Kássim**, Mahmud Abdi Raúf. *Al Kashf An Hakikati Sufiia Liaul Mara Fi Tárikh*. Aman: Al Maktaba Al Isslamia, 1993.

– **Al Kiláni**, Májid Urssán. *Hakaza Zahara Jil Saláh Addin Ua hakaza Ádat Al Kuduss*. Virginia: Al Maahad Al Álami Lil Fikril Isslámi, 1995.

– **Al Kurdi**, Rágih Abdilhamid. *Nazariatul Maarifa bainal Kur'áni ual Falssafa*. Virginia: Al Maahad Al Álami Lil Fikril Isslámi, 1992.

– **Al Muhámi**, Muhammad Farid Bek. *Tárikh Addaula Al Ulia Al Uthmaniia*. Beirute: Dar Annafaiss, 1988.

– **Anauaui**, Yahia ibin Charaf. *Riad Assálihin*. Beirute: Dar Athakafa Al Arabia, 1992.

– **Assabuni**, Muhammad Ali. *Safuatul Tafassir*. Beirute: Dar Al Kur'án Al Karim, 1981.

– **Assamáluti**, Nabil Muhammad Taufik. *Al Isslám Ua Kadáia Ilm Annafss Al Hadiss*. Jedah: Dar AL Churuk, 1984.

– **Assibai**, Musstafa. *Assunna Ua Makanatuha Fil Tachri*. Beirute: Al Maktaba Al Isslami, 1985.

_____. *Min Rauáil Hadarátuna*. Kuwait: WAMY, 1983.

– **Azzunaidi**, Abdurahmán bin Zaid. *Massádir Al Maarifa Fil Fikril Dini ual falssafi*. Virginia: Al Maahad Al Álami Lil Fikril Isslámi, 1992.

– **Bin Nabi**, Málik. *Azáhira Al Kur'ánia*. Alemanha: WAMY, 1983

– **Chaltut**, Mahmud. *Al Islam Aquida Ua Charia*. Cairo: Dar Al Churuk, 1992.

– **Dannáui**, Muhammad Ali. *Mukadamát Fi Fahm Al Hadara Al Isslámia*. Beirute: WAMY, 1983

– **Iákun**, Fathi. *Kaifa Naduu Ilal Isslam*. Beirute: Muassassa Arissála, 1991.

– **Ibn Al Jauzi**, Jamál Addin Abil Faraj Abdi Rahman. *Talbiss Ibliss*. Beirute: Muassassa Al kutub athakafiia, 1994.

– **Imzián**, Muhammad Muhammad. *Manhaj Al Bahth Al Ijtimái Bain Al Uad'ia Ual Miiária*. Virginia: Al Maahad Al Álami Lil Fikril Isslámi, 1992.

– **Issáui**, Abd Arahmán. *Al Isslám ual Iláj Annafssi Al hadiss*. Beirute: Dar Annahda Al Arabia, 1988.

– **Khalil**, Imád Addin. *Haul Tashkil Al Akl Al Musslim*. Virginia: Al Maahad Al Álami Lil Fikril Isslámi, 1991.

– **Khatíb**, Muhammad Al Am'n Mustafa. *Ilm Al Nafss Bain Al Assála Ua Attabaia*. Jedah: Dar Al Matbuát Al Hadissa, 1988.

– **Kutub**, Muhammad. *Jahiliat Al Kurn Al Achrin*. Cairo: Dar Al Churuk, 1993.

_____. *Haul Atafssir Al Isslámi Lil Tárikh*. Cairo: Al Majmua Al Ialámia, 1988.

_____. *Maarakat Attakálid*. Cairo: Dar Al Churuk, 1993

_____. *Uákiuna Al Muássir*. Jedah: Maktabat Assahába, 1989.

_____. *Hal Nahnu Musslimun*. Cairo: Dar Al Churuk, 1993

– **Kutub**, Saiid. *Fi Zilál Al Kur'án*. Beirute: Dar Ihiá Aturath Al Arabi, 1971.

_____. *Al Adálatul Ijtimaíiati Fil Isslam*. Dar Ihiá Al Kutub Al Arabia, 1954.

– **Muhammad**, Muhammad Mahmmud. *Ilm Annafs Al Muássar Fi Dau Al Isslam*. Jedah: Dar Al Churuk, 1993.

– **Najáti**, Muhammad Uthman. *Al Kur'án Ua Ilmil Nafss*. Cairo: Dar Al Churuk, 1993.

_____. *Al Hadiss Ua Ilmil Nafss*. Cairo: Dar al Churuk, 1993.

_____. *Adirássát Anafssia Inda Ulemá Al Musslimin*. Cairo: Dar Achuruk, 1993.

– **Nassr**, Ali Muhammad. *Al Nahj Al Hadiss Fil Mukhtassar Ulum Al Hadiss*. Meca: Rabitat Al Alam Al Isslámi, 1985.

– **Salkini**, Ibrahim Muhammad. *Al Muiassar Fi Ussul Al Fiqh Al Isslami*. Beirute: Dar al fikir Al Muassar, 1991.

– **Umar**, Al Fádil Al Ubaid. *Attub Al Isslámi Abra Al Kurun*. Riad: Dar Achauáf Lil Tibáa Ua Nashr, 1989.

Em espanhol:

– **Anauaui**, Yahia ibin Charaf. *Los Cuarenta Hadices*. Kuwait: International Islamic Federation of Student Organizations, 1989.

– **Mond**, Robert W. *El nuevo Testamento: Palabra de Dios?* Santa Cruz: Centro Islámico Boliviano, 1997.

– **Njosi**, Hamza Mustafá. *Las Orígenes Del Corán*. Santa Cruz: Centro Islámico Boliviano, 1997.

Em português:

– **Al Faruqui**, Ismail Raji. *At Tauhid (O Monoteísmo): Suas Implicações Para o Pensamento e a Vida*. São Paulo.

– **Al Maududi**, Abul Aaala. *O Islam Hoje*. São Paulo: C.D.I.A.L., 1990.

– **Annaduy**, Abul Hassan. *O Islam e o Mundo*. São Paulo: C.D.I.A.L., 1990.

– *Bíblia Sagrada*. São Paulo: Edições Paulinas, 1992.

– *Bíblia de Jerusalém*. São Paulo: Editora Paulus, 1996.

– **Bock**, Ana M. Bahia; **Furtado**, Odair e **Teixeira**, Maria de Lourdes. *Psicologias*. São Paulo: Editora Saraiva, 1996.

– **Boehner**, Philotheus e **Gilson**, Etienne. *História da Filosofia Cristã*. Petrópolis: Vozes, 1995.

– **Bucaille**, Maurice. *A Bíblia, o Alcorão e a Ciência*. São Paulo: C.D.I.A.L.

– **Edwards**, David C. . *Manual de Psicologia Geral*. São Paulo: Cultrix, 1995.

– **Ehrman**, Bart D. *O Que Jesus Disse? O Que Jesus Não Disse?* Rio de Janeiro: Prestígio Editorial, 2006.

– **El Hayek**, Samir. *O Significado dos Versículos do Alcorão Sagrado*. São Paulo: MarsaM Editora Jornalística Ltda., 1994.

– **Gaarder**, Jostein. *O Mundo de Sofia*. São Paulo: Cia. das Letras, 1998.

– **Isbelle**, Munzer Armed. *Descobrindo o Islam*. Rio de Janeiro: Azaan, 2002.

_____. *Sob as Luzes do Alcorão*. Rio de Janeiro: Azaan, 2003.

– **Isbelle**, Sami Armed. *Islam sua Crença e sua Prática*. Rio de Janeiro: Azaan, 2003.

– **Japiassu**, Hilton. *Introdução à Epistemologia da Psicologia*. São Paulo: Letras & Letras, 1995.

– **Jorge**, Fernando. *Lutero e a Igreja do Pecado*. São Paulo: Mercuryo, 1992.

– **Le Bon**, Gustave. *A Civilização Árabe*. Paraná Cultural Ltda.

– **Marcondes**, Danilo. *Iniciação à História da Filosofia*. Rio de Janeiro: Jorge Zahar Editor, 1998.

– **Maritain**, Jacques. *Introdução Geral à Filosofia*. Rio de Janeiro: Agir, 1989.

– **Muhammad**, Aminuddin. *Muhammad o Mensageiro de Deus*. São Paulo: C.D.I.A.L., 1989.

– **Schultz**, Duane P. e **Schultz**, Sydney Ellen. *História da Psicologia Moderna*. São Paulo: Cultrix, 1996.

– **Thompson**, Frank Charles. *Bíblia de referência Thompson: com versículos em cadeia temática*. Editora Vida, 1995

– CD-ROM: Al Kur'án al Karim.

– CD-ROM: Al Hadiss Acharif

> **Àqueles que desejarem mais informações acerca do Islam poderão obtê-las no**
> **Massjid Annur (Mesquita da Luz)**
>
> Rua Gonzaga Bastos, 77, Tijuca – Rio de Janeiro.
> Tel.: (21)2224-1079 / (21)8669-7517
> ou acessar a sua Homepage: www.sbmrj.org.br

Intercâmbio com o autor:

Sua opinião é muito importante para nós. Por isso estamos disponibilizando um canal de comunicação com o autor, onde você poderá expressar sua opinião sobre este trabalho.

Nosso objetivo é o aprimoramento das próximas edições, como também auxiliar o desenvolvimento de futuros projetos, considerando as críticas e sugestões enviadas.

Desde já, agradecemos a participação.

E-mail: munzer.isbelle@yahoo.com.br

Islam
A sua Crença e a sua Prática

Edição 2003

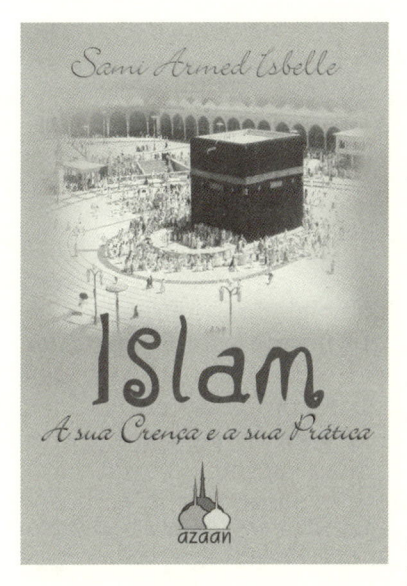

Autor: Sami Armed Isbelle
Nº de páginas: 272
Formato: 16 x 23 cm

Sami Armed Isbelle explica o conceito de Din (conjunto de práticas e princípios que regem as relações do homem com o seu Criador, o relacionamento do homem consigo mesmo, com seu semelhante, com os outros seres e com o ambiente em que vive).

O autor também dá lições sobre o significado de Islam e sua abrangência, como nos rituais religiosos, os aspectos sociais, políticos, econômicos, judiciários, a relação internacional, entre outros.

Sob as Luzes do Alcorão

Edição 2002

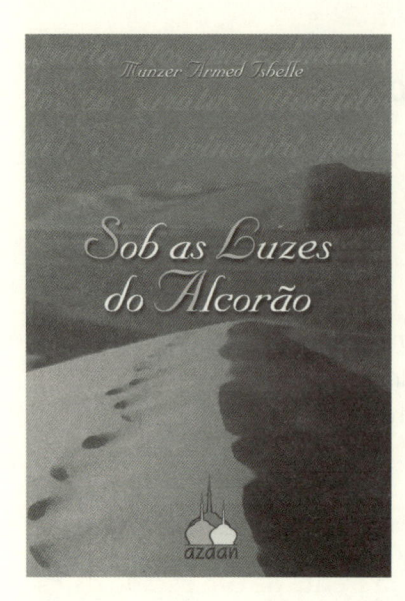

Autor: Munzer Armed Isbelle
Nº de páginas: 160
Formato: 16 x 23 cm

Como foi revelado ao Profeta Mohammad, na língua árabe, qualquer tradução ou explicação de um dos capítulos do Alcorão são entendidos como exegeses, ou seja, significados do livro sagrado. Esta obra, portanto, é uma exegese, na qual o autor esclarece alguns capítulos do Alcorão, facilitando sua compreensão e a prática de seus ensinamentos.

Entendido pelos muçulmanos como a última das mensagens reveladas por Allah, o Alcorão, segundo eles, é destinado a toda a humanidade, válido em todas as épocas e suas leis são sempre atuais.

O Estado Islâmico e sua Organização

Edição 2008

Autor: Sami Armed Isbelle
Nº de páginas: 224
Formato: 16 x 23 cm

*E*sta obra não fala exclusivamente sobre o terrorismo, pelo contrário, expõe as regras da jurisprudência, Islâmica. É um livro que desmistifica a imagem do mulçumano como terrorista e do Islam como a religião que incita a guerra e o terror. Traz exemplos históricos de como os mulçumanos se comportaram quando estiveram à frente de um estado de espada, através de seus princípios e do bom exemplo, inclusive em tempos de guerra.

Este livro também traz exemplos de como se distorcem versículos do Alcorão a fim de sustentar afirmações contrárias ao Islam. O leitor ou o pesquisador no decorrer da leitura poderão concluir se o Islam é uma religião de terrorismo ou de paz.

A obra demonstra o quanto essa religião se antecipou às convenções internacionais que conhecemos hoje, como a de Genebra. Os mulçumanos deixaram um legado que infelizmente é pouco conhecido, aos quais devemos muito, e que o leitor através desta obra terá a oportunidade de conferir.

Este livro interessa tanto aos mulçumanos como àqueles que não são. Para os leitores mulçumanos, procurei ampliar seus conhecimentos abordando pontos que não se encontram disponíveis em livros de língua portuguesa; para os não mulçumanos, o intuito foi oferecer uma visão mais abrangente desses aspectos, que são fonte de grandes distorções e má compreensão do público em geral, de uma forma simples e ilustrativa.

QUALITYMARK EDITORA

Entre em sintonia com o mundo

QualityPhone:

0800-0263311

Ligação gratuita

Qualitymark Editora
Rua Teixeira Júnior, 441 – São Cristóvão
20921-405 – Rio de Janeiro – RJ
Tels.: (21) 3094-8400/3295-9800
Fax: (21) 3295-9824
www.qualitymark.com.br
e-mail: quality@qualitymark.com.br

Dados Técnicos:	
• Formato:	16 x 23 cm
• Mancha:	12 x 19 cm
• Fonte:	News Goth BT
• Corpo:	10
• Entrelinha:	14
• Total de Páginas:	120
• Lançamento:	Abril/2010
• Gráfica:	Vozes